凡人眼中的《金刚经》

刘冬颖 ◎ 著

我爱红尘

中华书局

图书在版编目(CIP)数据

我爱红尘:凡人眼中的《金刚经》/刘冬颖著. —北京:中华书局,2013.2

ISBN 978 – 7 – 101 – 09186 – 1

Ⅰ.我⋯ Ⅱ.刘⋯ Ⅲ.①佛经②《金刚经》– 研究 Ⅳ.B94

中国版本图书馆 CIP 数据核字(2013)第 022161 号

书　　名　我爱红尘——凡人眼中的《金刚经》
著　　者　刘冬颖
责任编辑　陈　虎
出版发行　中华书局
　　　　　(北京市丰台区太平桥西里38 号　100073)
　　　　　http://www.zhbc.com.cn
　　　　　E-mail:zhbc@ zhbc.com.cn
印　　刷　北京瑞古冠中印刷厂
版　　次　2013 年2 月北京第1 版
　　　　　2013 年2 月北京第1 次印刷
规　　格　开本/889×1194 毫米　1/32
　　　　　印张7⅛　插页10　字数120 千字
印　　数　1 – 10000 册
国际书号　ISBN 978 – 7 – 101 – 09186 – 1
定　　价　29.00 元

元铜释迦牟尼像

河北承德普乐寺三世佛像

宋佚名《如来说法图轴》，台北故宫博物院藏，绢本，浅设色

甘肃敦煌莫高窟第 285 窟西魏五百强盗成佛故事

北宋千手千眼观音菩萨像

清白石雕千手千眼观音像

明 吴彬 《涅槃图》

南宋周季常《布施贫饥图》

菩提树

南宋刘松年《补衲图》

陕西榆林第 25 窟弥勒经变之种七收

甘肃敦煌莫高窟第 275 窟交脚弥勒佛塑像

明末清初木雕弥勒佛

陕西榆林第 25 窟弥勒经变之三会说法

泰山经石峪北朝齐石刻《金刚经》

清周笠《皆大欢喜图》

自序：通往佛陀的个人道路

我是个喜欢功名的人，不希望遇见佛陀。

我爱红尘，为凡俗的点点滴滴喜悦——我是一个学者，为自己通过努力拼搏成为最年轻的教授、博导而喜悦；我是一个老师，为自己付出心血培养的学生取得成绩而喜悦；我是一个母亲，为陪伴孩子成长的每一个瞬间而喜悦；我是一个女人，我爱也爱我的男人在我脆弱和笨拙时会说："你这个傻娘们儿！"我为他这深情的嗔骂而喜悦……

我爱红尘，我还有很多痴迷——我痴迷于时尚的潮流，为自己涂上今季最流行的裸色唇彩、穿当下最潮的桔红裙装而快意；我痴迷于ipad游戏的丰富，为用虚拟的枪炮攻下一个虚拟的堡垒而快意；我痴迷于用功读书之后的思想精进，古今中外的书一本本地读，文学、历史、哲学的学位挨个念，我为这提升与获得而快意；我痴迷于K歌，常常去KTV，从越剧的《十八相送》，到曲婉婷的《我的歌声里》，一首一首地唱，我为自己的超级模仿秀而快意……

我这样的一个人，像我这样的你，以为自己一辈子也不会遇见佛陀。

可佛陀就在我们身边，总有一天你会遇见他，他就在我们人生的某一个转角处淡然微笑着，面对你。

我和佛陀的第一次相遇是在二〇〇三年，我在浙江大学做博士后的时候，与同学相约去逛杭州最繁华的仿古一条街——"河坊街"。街市上商贩如云、游人若蚁，正在我们品着茶博士泡好的龙井、尝着地方小吃、享受物质繁华的嘈杂时刻，一缕音乐声，从市井深处飘来，温柔而坚决地俘虏了我。那唱词很简单，只有"唵、嘛、呢、叭、咪、吽"几个字反复地吟唱，没有表达任何具体的情感；那音乐的配器很单一，弹奏的只是朴素的旋律，没有昂扬与起伏。但这乐调就是那么轻易地俘虏了我，让我在嘈杂中一下静了。我凝神环视河坊街，看见这条曾经在宋朝、明朝、清朝繁华了几百年的街道依然繁华着，街道上熙熙攘攘的人群，依旧熙熙攘攘。我似乎一下穿越了，几百年的历史烟云，在我眼前电影般一幕幕浮现——束冠的明朝人走过了、留辫子的清朝人走过了、热血的五四青年走过了……不变的是河坊街，变的是一代代服饰不同的人。河坊街淡泊地繁华着，我们人类的纠结、欢喜和痛苦却没有改变。曾经的人们为什么哭和笑，今天的我们还在为什么哭和笑，一代一代永远看不破。我的眼泪倏然落下，当时心里蓦地涌起两个字：慈悲。人生在世，无数烦恼之后，即是喜悦；无数喜悦之后，即是烦恼，匆忙的是过程，最后，告别。所有的一切，不过是逝水之上的落花，惟有心境可留。那么，何不慈悲？

慈悲吧。

我循着那柔细而单纯的音乐声走过去，找到一家卖音像的小店，正在放的是佛教音乐——泰国的佛教音乐。

我在那里站了很久很久，最终没有买那盘磁带。下了狠心的，转身走了。

因为，我是儒家弟子。

在我是一个小女孩的时候，家长就告诉我好好学习、天天向上，我又真的很爱读书，为读书和学习而快乐，所以常常考第一。我的理想是，做一个会思考、能写书的人。远大理想一旦树立，我就更加充满了前进的力量。不知道第一有什么好，更不知道自己为什么要第一，就是想第一。所以，书就一路读下来，硕士毕业了，觉得不够，博士毕业了，觉得不够；博士后出站了，觉得不够，还要再来一站博士后；还要读很多很多书，还要写很多很多论文。我最爱读的书是儒家书，我写的文章都是关涉儒家经典。我的偶像是孔子，我的座右铭的"天行健，君子以自强不息"。宗教与我无关，因为"子不语怪、力、乱、神"，我的偶像孔子远离宗教，我也就远离！孔子崇尚的，是踏实于现实现世，努力付出。我敬慕孔子，所以，在我于闹市之中为那温柔宽宏的佛教音乐感动落泪的时刻，我选择的依然是放弃。我要做一个儒家意义上，也是中国传统意义上圆满的人。那一年，我三十岁。

今年，我迈进了四十岁。子曰："四十而不惑。"我不知道"子"在四十岁那一年，是否真正做到了"不惑"，我却很惑很惑……

为什么还是面对那个人，爱情会变淡，甚至消失，只留下恩情？为什么人生不公平，我的大学室友还没来得及恋爱，毕业不到一年，就因为白血病离开了人世？为什么我的学生刚刚大学一年级，就被超载的拉煤大货车带走了年轻的生命？为什么有的人没有付出什么努力，因为好爹好妈好老公就能得到名利？为什么每一个人都要在病痛中离开人世？为什么为人真诚热忱，还会被人误会和攻击？

我爱红尘，但红尘也让我纠结。

我的纠结，五四新文化运动的先驱、著名艺术家、教育家李叔同也有过。所以，这位俗世的翩翩佳公子，在一个微雨的日子，抛下了红尘，只携肉身，来到了杭州虎跑定慧寺，向佛陀求解。他似乎是找到了答案，从此心灵空明又完满，终成一代佛学大师——弘一法师。

我能为人生的种种谜题找到答案吗？

读过儒家、道家、法家还有西方哲学家的一系列著作后，我决定看看《金刚经》这部佛教的重要典籍，想看看我能不能因《金刚经》，释怀于红尘中的种种烦恼与痴迷，继而，更爱红尘。

我的朋友是一家杂志社的社长，文学博士，笃信佛教。他在图书馆遇见我借《金刚经》，很好奇。他知道我是一个用功又执着的儒家弟子，一个从头到脚、从配饰到皮包，都要臭美到极至才甘心的女人，所以很奇怪，问："冬颖，你最近生活是不是有变动了？没事吧？"

我说："只为解惑。想写一本书，从凡人的视角解读《金刚经》，想看看我这样一个爱红尘、沉迷俗世的人，会不会因为这本书解开心结。更想知道，神圣又神秘的《金刚经》，会不会与非宗教人士结缘？"

他沉吟，再问："你看过《金刚经》吗？"

我答："没看过。但是我现在看了，就看过了。"

他没有再说，是佛教的宽容、慈悲让他没有再说吧？

世人总以为学佛，是人生失意，看破红尘，其实不然。佛，又作佛陀等字眼，是印度梵文的音译，译为汉语就是"觉者"，现代白话是"觉悟了的人"。觉悟了的人就是佛，可见学佛不是迷信，而是沉溺于红尘之后的超越，让人们真正明白宇宙人生的真理，从而觉悟，成为自己的主人。

我会因为《金刚经》觉悟吗？

我想真实地写下爱打扮的我、每天陪孩子写作业的我、儒家弟子的我、学者的我、爱红尘的我，第一次读《金刚经》这部佛教经典的最真感受，包括我的心动、我的迷惑。希望有缘的你，因为我的文字，能有一时的体悟，在这个纷繁嘈杂的浮世上获得片刻宁静。果如此，我即足矣！

我爱红尘，所以想读《金刚经》，想看看这红尘会不会因之更美！

目 录

拈花对谁笑

　　我爱的红尘，是佛教要看破的红尘。爱红尘与破红尘，是矛盾的。那学佛就要放弃红尘吗？

　　红尘太美，洞房花烛、金榜题名、美人如玉、稚子奶香、知己情重，还有扬名声、显父母的名利，都是美好、诱人的，如何看破？

　　在悟道成佛之前，释迦牟尼也曾被红尘深深困扰。据说，释迦牟尼佛于公元前七世纪（也有说是公元前十世纪），出生在古印度迦毗罗卫国王宫，是一个王子，名叫乔达摩·悉达多。悉达多太子少年时代，接受婆罗门教的传统教育，兼习兵法与武艺，是骑射、击剑能手。十六岁时，他和表妹耶输陀罗结婚，生下了一个儿子。这一时期，悉达多太子过着奢华而舒适的生活，万千宠爱集于一身。尽管贵为王子，悉达多太子却淡泊富贵，深沉地思考人生。有一次，他坐在树下看农夫在农田里干活，只见农夫们汗水淋漓，埋头苦干，一面鞭打耕牛，一面用锄头翻土。当小虫从泥土里出现时，立刻遭到小鸟的突击，而小鸟又被凶猛的大鸟捉去吃掉。从这一场景中，悉达多太子体会到了世间每一个人都难以逃脱的环环相扣的痛苦。他还曾驾车出游，从城市东门出去，途中碰见一位老人，始知人会衰老，让悉达多太子的心情十分沮丧，再也没有兴致去玩，只好闷闷回到宫里。之后，他从南门出去，遇见了一个病人；从西门出去，又遇见有人死亡。悉达多太子亲眼看到这些清瘦、衰老、死亡的凄惨现象，非常感伤和苦恼。这让他明白，无论是谁，无论贫富，都无法摆脱生老病死的最终命运。最后，悉达多太子在城北门外，遇见一位出家修道的沙门，从沙门那里听说出家可以解脱生老病死之痛，便萌发了出家修道的想法。

一天夜里，悉达多太子在王宫中，无意间看到了熟睡的宫女们，有的鼾声大作，有的口流涎沫，让他觉得爱欲可厌，这促使他下决心放弃富贵。他不顾父王的多次劝阻，毅然离开妻、儿，舍弃王族生活，出家修道。悉达多太子坚信，世界上应该存在一种永恒的东西，不会因为死亡而消失。为了消解红尘烦恼，他立志要找到一个永远解脱痛苦的方法，不仅为自己，也为芸芸众生。

菩提树下，悉达多太子顿悟成佛，释怀于红尘。又经过多年的修行，悉达多成了佛祖。佛祖把自己去除"心魔"的经验总结出来，传于众人，这就是《金刚经》的缘起。

《金刚经》，全称《金刚般若波罗蜜经》。

何谓金刚？般若？波罗蜜？经？

金刚：指金刚石，它最坚固，也最锐利；它最明净，也最璀璨。以金刚的属性来比喻佛经所讲的道理锐利、坚固、明净，能斩断一切烦恼。

般若：是梵语音译，因为没有适当的中国词汇可以翻译它，就翻译了它的读音。它的含义接近于"智慧"，但又是比世间智慧高深得多的一种智慧——能了解生命的本源、本性，悟道成佛。如果一定要翻译这个词的话，就是"妙智慧"。

波罗蜜：亦为梵语，译为"到彼岸"。人生的河流，就是烦恼的河流，包括贪嗔痴、爱恨愁等各式各样的波浪。修行就如乘船，从凡夫红尘的此岸，渡到清净的彼岸。

经：中国的古汉语中也有这个词。梵语和汉语"经"字的本义，都是穿书所用的线。中国早期的书是写在竹简上的，印度早期的书是写在棕榈叶上的，"经"就是穿竹简和棕榈叶的绳子，引申为讲人生道理的典籍。在这里，也比喻修行的一条路径。

心是孕育快乐的母体，也是产生一切烦恼的根源。心出了问题，无边的痛苦，就会接踵而来。《金刚般若波罗蜜经》，就是用金刚（佛心）这个法宝降伏心魔，断除红尘中的所有烦恼，度到清净空明的彼岸。用现代的话说，《金刚经》就是直接针对人类烦恼、欲望的"心灵鸡汤"。

凡人感官上的红尘，是一个花花世界，功名、爱情、美貌、子女等等，都是人生的一出出戏，凡人太执迷于这精彩的演出，会惹来无尽的烦恼。

佛祖眼中的红尘，不仅仅是烦恼，还是成佛的必经修行路。佛教讲究"看破红尘"，但并不是"深山古刹，古卷青灯"地远离现实世界，而是从红尘中来，到红尘中去。如果离开红尘去修行佛法，那就无所谓"看破"与"看不破"了。

修行的路径，其实就是历红尘。从这个角度讲，《金刚经》就是佛祖留给众生的红尘修行宝典。那么，怎样读《金刚经》这本经典，才能明了佛祖普度众生的慈悲呢? 佛祖给我们指出了一条道路：

一天，在灵山法会上，大梵天王以美丽的金色菠萝花献佛，请佛祖说法。可是，佛祖却一言不发，只是用手拈金色菠萝花遍示与会者，从容不迫，意态安详。弟子们谁也不懂老师这个动作是什么意思。

佛祖有个大弟子，叫迦叶。迦叶看见佛祖拈花，忽然"破颜微笑"。宗教法会，戒律极严。可就在这鸦雀无声中，迦叶尊者竟然"破颜微笑"，尽管不是开怀大笑，只是微笑，也是大大出乎常规的。奇怪的是，佛祖见迦叶微笑，竟将金色菠萝花交给迦叶，并用"以心印心"之法，传给了他无上的法门。

佛祖在大庭广众之下一言不发，其中的奥妙究竟何在?

佛祖所传示的，正是一种无言的心态。这种心态，纯净无染，无欲无贪，坦然自得。迦叶与佛祖在灵山会上心心相印，没有任何语言，只是一个浅浅的微笑，但一切尽在不言中，此时无声胜有声！

意会比言传更能领悟佛法的本质，正如《高山》、《流水》之曲虽妙，没有知音，也只是犹如弹棉花般的声响。读《金刚经》，"拈花微笑"的心态最重要。佛祖以智慧凝结成的《金刚经》，就是那一朵金色菠萝花，不能把这美丽的花一瓣瓣撕下来去研究，而是要珍贵地把它拿在手中，用你的心去感知它、欣赏它、品读它，让它的美映照在你心中。

现代人，心为身囚，常被科技、食色和沉浮所累，如果我们能以《金刚经》的空妙智慧，来处理世间的种种烦恼，观看自己的内心，那么，烦恼也会变成菩萨，帮你修成正果。

沿着佛陀慈悲的眼光来看红尘，用迦叶尊者的心态来读《金刚经》，你就会走向佛陀。

所以，佛祖拈花，不妨多情？！

以为那一朵花正是佛祖要赠与你的。

你读《金刚经》的那一刻，正是佛祖拈花对你的那一刻，你会不会微笑呢？

佛祖眼中的时间

　　所有的佛经，为了表明自己是得之于释迦牟尼的真佛法，都会用"如是我闻"四个字在开头注明，这部佛经是佛祖在何时何地对自己所讲，相当于《论语》中的"子曰"。佛经开头这段关于时间、地点和人物的交待，佛教称之为"证信"。

　　《金刚经》的证信是这样写的：

　　　　一时，佛在舍卫国祇树给孤独园，与大比丘众千二百五十人俱。

　　"一时"翻译过来就是"一天"，究竟是哪一天呢？

　　我翻看了从古到今的《金刚经》注解，都没有一个准确的答案。

　　是佛祖糊涂，还是记录佛祖言行的弟子糊涂，忘了记录这本佛经产生的具体时间？

佛祖从不糊涂，没有写下准确的时间，正是佛祖的大智慧。在佛教的观念里，所谓"刹那见终古"，一瞬间在特定的时候，会放大成一万年；而一回头，一万年已经和瞬间一样，灰飞烟灭了。

佛祖为众比丘讲《金刚经》，应该不是在某一天讲完的，而是有先后数次讲解。佛祖悟道所得的《金刚经》，是能解决不同时代所有人的心结，而不只适用于一时。一个泛指、不准确的时间观念"一时"，出现在《金刚经》开篇的"证信"中，本身就说明了"一时"概念的深刻。佛祖希望众生，不要执着具体的时间，而应关注内心的修行。

佛教的时间观，是可以画出来的，就像一个哪吒的乾坤圈那样的环形。我们常说的人生劫难的"劫"字，就是佛教基本的环形时间单位——世人寿命自十岁起，每百年增一岁，增至八万四千岁开始每百年减一岁，减回至十岁，这一增一减的时间过程为一劫。劫分为大劫、中劫和小劫，二十个小劫为一中劫，经过四个中劫，便是一大劫。

我对"劫"这个字眼很好奇，想知道一"劫"到底有多少年？就去查了佛教典籍。

答案的数字很惊人：

一小劫=16798000年

一中劫=335960000年

一大劫=1341840000年

佛教给予凡人的力量与温暖，正在于它的环形时间观念。我姥姥的一生，就是个最好的例子。姥姥出生于1921年，她有个非常美丽的名字：奚凤兰。姥姥是个聪慧娟秀的女子，出身中富之家，她的父亲因为崇尚"女子无才便是德"，没有让我的姥姥读书。姥姥的一生恰恰经历了20世纪中国最起伏动荡的时代，她抛下富小姐的娇贵，成为担当人生一切磨难的坚强女性。支撑她走过八十多年人生路的，正是佛教。六十多岁时，她信佛愈笃，为了抄写佛经，姥姥自学了小学语文课本，又勤于读书看报，识字过两千。我妈妈现在还留着姥姥抄写的一些佛经，字迹工整秀美，根本看不出是一个六十多岁老人自学成才的笔迹。2002年春天，姥姥八十多岁患肠癌离世前，我赶了几百里路回到老家去看她。姥姥特意从病床上艰难地抬起手臂，对我说："拉一下手吧，再也见不到了。让我仔细看看你，下辈子碰见好能认出来。"

当时只道是寻常！我并没有特别在意这句话，只是惊讶于姥姥在癌症面前的平静。

今天，读了《金刚经》，回想起2002年姥姥去世前的一幕，心中的震动难以言表……

世俗所谓的"劫难"，在佛教看来，就是你在这一时间段内所经历的种种喜、怒、哀、乐。在时间之环中，个体生命不会终结，而是生而复死、死而复生的循环轮转。一个生命现在的结果，是由于其过去的行为所致；而现在的一切行为，又会导致未来某个时间的相应结果。如此说来，我们所正经历的，无论是痛苦也好、快乐也好、平淡也罢，都是这一"劫"中所必须经历的。也因此，我们可平静地看待，无须纠结。

姥姥能安于家财散尽的"劫"、五个子女吃穿都成问题的"劫"、孙子远赴上海名牌大学读书刻骨思念的"劫"、姥爷去世伤心的"劫"、癌症病痛的"劫"，正是佛教给予了她力量和信念。她希望在下一辈子还能见到我，不在意我因为忙于学业很少去看她，愿意再一次与我一起去经历人生的一部分"劫"，正是她对我深切的爱！

佛陀的一生，也经历了凡人所经历的"劫"，又突破了凡人的"劫"。佛祖的出世，虽然也有一些动人的传说，但释迦牟尼依然是一个平常的王子，只比常人略多一些忧郁的气质。他像所有平常人一样反思和探索，孜孜不倦地追求最高的幸福和终极解脱，最后得以彻悟成佛。

在佛祖眼中，时间是心灵的延伸；而现实的客观时间，只是让人在其中经历生老病死之苦的"场所"。它本身没有价值，所以在《金刚经》的开篇，才轻描淡写了"一时"两个字。

宋朝的无门和尚有个著名的谒，很能说明佛祖的时间观念：

> 春有百花秋有月，夏有凉风冬有雪。
> 若无闲事挂心头，便是人间好时节。

很显然，无论春夏秋冬，时间的交替变化是无关紧要的，悟道的人任何时候都可能体会"好时节"。过去和未来被"虚化"了，存在的只有现在，虔诚的、信仰的现在！

此时此刻——正是在我的心灵里，我度量时间！

吃饭的般若

佛祖吃饭吗?

在没有读《金刚经》之前,我以为佛祖是不吃饭的。

在我心目中,超拔红尘如佛祖,汲天地之灵气、日月之精华,静穆地打坐,身体便充满了宇宙间最神奇的能量。佛祖怎么会吃饭呢? 吃饭的佛祖多俗、多煞风景啊。

展开《金刚经》,我却惊奇地发现,佛祖原来是吃饭的。而且每天都吃,像我们凡人一样。

《金刚经》的"证信",也是这本佛经的第一句话,翻译过来就是:

> 一天,佛祖与一千二百五十名大比丘,一同在祇树给孤独园里。

这部神圣经典的序曲,竟然是从佛祖最平常的一天开始的,让人深思!

平淡的日常生活,出现在佛说《金刚经》之前,格外有深意——佛陀不是玄远、陌生、非人类的,而是近旁、温暖、可亲的。

温暖可亲的佛祖和他的一千二百五十名弟子,在一起干什么呢?

第一件事就是吃饭。

他自己做饭吃吗?

佛祖虽然吃饭,却不做饭,也不挣钱去买饭,而是讨饭,佛门俗语叫作"化缘"。但佛祖讨饭,与乞丐讨饭不同,乞丐脏兮兮、臭哄哄,见之者掩鼻。佛祖去化缘,是盛装前往,整个过程威仪而有风度。

《金刚经》中所写平凡的一天,就是从佛祖的化缘乞食开始的。佛祖穿起自己最隆重的佛门礼服,端起自己的盛饭器具饭钵,和弟子们一起赤脚走向化缘地——舍卫大城。舍卫大城距离祇树给孤独园大约五六里,佛祖在世时,舍卫是一个繁华的大都市,里面住着九十多万人。

佛祖在讲《金刚经》时,已经是信众无数了,像祇树王子和给孤独长者这样的豪门、贵族也不在少数,所以佛祖即使不去化缘,也会有人供养。但佛祖坚持不受供养,甘愿同众比丘一道去化缘,给众人传达的,就是一个众生平等的理念。

佛祖赤脚步行五六里,才到了舍卫大城,他左手持钵,按照所遇到的顺序,挨家挨户地去化缘,不分贫富,也无论贵贱，直到把自己的饭钵装满，就盖上盖子不再继续了。

因为每天都要吃饭，所以，托钵化缘是佛祖每天都要做的事。

每天都去，不麻烦吗？多讨一点，存起来不可以吗？

不可以。

这是为了避免积蓄所起的贪心，去除因为财物积累所产生的骄慢之气。饭是要吃的，但要知量知足，绝不贪得。在佛祖看来，肉身不过是灵魂的载体，肉身的贪得，只是灵魂的负担。为了免于灵魂的负担，每天只需要足以让生命延续的食物就足够了。所以，佛祖每天只吃一顿饭，而托钵化缘，是他每天的例行功课。

讨饭的顺序也有哲学——化缘要随缘。按照所遇的顺序，一个一个地来，不能只去穷人家或者只去富人家。这也是修行，因为化缘时可能会遇到各种脸色，受到各种待遇，吃各种食物。无论遇到什么样的境况，佛祖都保持威仪和风度，不愤怒、不结怨、不记恨，更不会为化到一顿珍馐美味而欣喜，整个过程充溢着佛法的光辉。

信仰佛教的人，通俗的说是"信佛"，正确的说是应该是"学佛"。学佛的什么呢？

佛祖在世的时候，佛祖的言行就是佛法；佛祖灭度后，遗留下的三藏十二部经典，也是佛法。

那该怎样学佛呢？

我的一位居士朋友说，不只要从佛典上学，更重要的是在生活中践行。这也是他对我写《金刚经》解读怀疑的原因，因为我没有身体力行学佛的阶段。这身体力行的阶段，就是我们平常说的"修行"。

在何处修行好呢？

唐朝一位无名法师，有一首《悟道》诗流传下来，告诉我们到底应该在哪里修行：

> 尽日寻春不见春，芒鞋踏遍陇头云。
> 归来偶拈梅花嗅，春在枝头已十分。

历经长久时日，踏遍云封雾锁的山头，去寻那美丽、充满生机的春意。春意在哪儿呢？法师遍寻不得，最后掩不住茫然失望的心情，回到自己的家中。就在百无聊赖之际，无意中拈起案头瓶中插的梅花，放在鼻端轻嗅，一阵冷香沁人，啊！"踏破铁鞋无觅处，得来全不费工夫"！原来枝头上香意盈然，春不就是在自己家中吗？

这位法师说的是寻春，寻的其实不是春，而是"道"——佛祖的开悟之道。为了寻求佛法真知，这位法师遍游四方，历尽甘苦，最后终于寻到了，原来就在自己的身边。

所以，修行不一定要在深山古刹中，黄卷青灯里。而是在红尘中，从每一件具体而微的小事开始修行，比如吃饭。佛祖眼中的红尘，是最方便的修行场所，特别是《金刚经》，强调衣食住行都是修行的好道场。

佛祖悟到吃饭小事是一件大事,也经历了一个漫长的时期。在佛祖还是一个王子时,他的父王为他提供了优裕的生活条件,但他却对之兴味索然,毅然放弃王位继承,去寻求人生的真谛与生死解脱。他甚至跑到雪山苦修六年,常常日食一麦一麻,身体干枯消瘦到脱形。后来,他发现一味苦修,并非解脱之道,于是放弃苦行下山。这时,一位牧羊女见到他虚弱不堪,便熬乳糜供养他,佛祖的体力由此恢复。随后,于菩提树下打坐,入定七日,夜睹明星而悟道成佛。

《金刚经》中所见的佛祖,在物质享受上强调淡泊节省;但对于日常穿衣吃饭这些琐事,却又十分认真,一点都不马虎。这让初学佛的人,难免有些疑惑——佛祖怎么如此家常,他的深邃超拔在哪里?

其实,日常生活中,就存在着佛法真知。在整部《金刚经》中,讲的就是怎样统一红尘与佛法。乞食化缘作为主要事件,放在《金刚经》的导入部分,是佛祖的精心安排。佛从眼前的穿衣吃饭开始,教众生从"入世"修行入手,安住"出世"的超脱之心。

吃饭的时间,佛祖也有规定。在佛祖看来,众生各有吃饭的时间,早晨是天人吃饭的时间,中午是人道吃饭的时间,下午轮到牲畜吃饭,晚上则是鬼道吃饭。所以,出家人的吃饭时间,是在天亮以后、中午之前。晚上忙于应酬的朋友们,看了佛祖的吃饭时间,是否会反省自己的人生呢?

所以,吃饭不是简单的小事,有佛祖的大智慧在,用梵语说,就是"般若"。

打坐的妙处

　　佛祖吃过饭，把自己的盛装（大袈裟）脱下来整理好，换上日常的简单服饰，把饭钵洗净，便开始洗脚。因为去舍卫大城化缘，往返赤脚走了十多里路，佛祖的双脚沾满了泥巴，必须洗净，才能开始下一步的庄严仪式——打坐。

　　对佛祖来说，打坐是一种休息，调整自己赤脚走过十几里路的疲惫；打坐也是一种身体的锻炼，让身心完全放松，为深沉思考做好生理上的准备。

　　为了锻炼身体，我练过瑜伽。瑜伽的坐姿，就是打坐的正确姿势。从生理上讲，盘膝打坐，腰背挺直，全身的气自然就会聚敛在丹田周围。之后要调整呼吸，让自己的所有意念都放下，把自己想象成一株树，无欲无求，无痛无欢，无言无语。这棵树到底开花不开花，开什么花？结果不结果，结什么果？都和树没有关系。树的任务，只是做它自己。我们打坐，也是这样。像一棵树一样地"在"那里，然后，看看这棵树会献出什么。如果它开花了、结果了——你宁静了、愉快了、开悟了，那是最理想的打坐。

打坐看似很简单，但是做到，或说修到，很不容易。"悟"不到佛心，你只是枯坐，而不是打坐。

有这样一则笑话：

大才子苏东坡，喜欢和一些文人墨客谈古论今。东坡自以为才华盖世，反驳别人的论点时，常常弄得别人狼狈不堪，因而感到非常骄傲。

一天，东坡到金山寺里游玩，和佛印大师一起打坐。打坐了一会儿后，东坡觉得身心舒畅，于是问佛印道："大师，你看我坐的样子像什么？"佛印毫不犹豫地回答："学士像一尊佛。那学士，你看老僧像什么？"一想到每次和佛印斗嘴都输于对方，东坡心里实在不服，心想，今天不如趁机羞辱他一番。他见佛印穿一件黑色僧袍，人又矮又胖，盘腿而坐，黑乎乎的一堆，心里笑着张口道："我看你就像一摊牛屎。"

佛印听后，感到非常吃惊，先是沉默不语，继而哈哈大笑，再也不发一言。东坡自以为占了上风，好生得意，欢天喜地地回家去了。

回到家中，正好看见妹妹苏小妹在作画，他就得意地把如何反驳佛印的事告诉了妹妹。哪知，苏小妹听完后却长叹一声，讥笑道："哥哥你输了，而且是输得很惨，我真为你感到羞耻。你还自以为很得意！"

这回轮到东坡吃惊了，他百思不得其解，忙问原因。苏小妹告诉他，在佛法中，眼里所见，即是心中缩影，佛印说你像佛，是因为他心中有佛，而你心里装的却是牛屎，所以你看别人就像牛屎。

东坡顿悟，羞愧难当，从此改掉了骄傲自满的毛病。

才情、悟性如苏东坡，想从打坐悟道都难，我辈俗人能做到吗？

为了真正理解打坐的妙处，我特意实践了一下。

我按照佛经所教导的方式，在书房刚刚练了十几分钟，孩子从另一个屋子走过来，说："妈，我饿了，我要吃饭。"我这个二十四孝老妈，马上就收拾起了自己的玄想，乖乖地做饭去了。

在家打坐不成，那就去哈尔滨的江北，到松花江边的某一个安静的所在吧。我开车在江边找到一个没有人、只有芦苇和杂草的地方，关掉手机，坐在泥土地上，开始打坐。松花江边，空气洁净，飘着淡淡的青草香，我很快就调整好自己的呼吸，就像一株芦苇或一根杂草一样，静穆地打坐。大约三十多分钟，陡然变天了，江风袭来，冷得很，我只好回到红尘中，开车回家了。

我再查佛经，打坐到底该在何时何处呢？

佛经说，一个你自己放心、安心又安静的地方。

于是我在一个子夜时分，夜阑人静，在自己的书房里，正式地体验了一次打坐。

打坐只是坐在那里，没有任务，没有目标，没有计划。

打坐的环境很重要，首先要选择有利于入静的环境，如果在房间里打坐，室内光线要明暗适度，空气通畅，温度也要适中。室外打坐，要选择幽静的地方，避免受到意外的惊扰。

中国原来没有用打坐修炼身心的方法，随着佛教的兴盛，打坐的风气也越来越流行。打坐有助于生理机能的复活及调整、心理情绪的稳定与平衡、精神领域的净化和提升。

宋朝的张元幹《蝶恋花》词说：

燕去莺来春又到。花落花开，几度池塘草。歌舞筵中人易老，闭门打坐安闲好。　　败意常多如意少，著甚来由，入闹寻烦恼。千古是非浑忘了，有时独自掀髯笑。

红尘的繁华，让人身心憔悴，只有心灵的自由和放松，才是真正的获得。打坐正是心灵的自由之旅，是让自己回到什么都不是的原初，是把自己变回无为的方式，让一切因自然、自由而美好——安闲、宁静、优雅、空明……

打坐的姿式要端正、自然，呼吸要保持细而匀而深。刚开始打坐的人，可能感觉比较枯燥而坐不住，会心猿意马，不能静下来，所以我们要制妄，也就是调心。调心的方法有很多，如念佛、数息等等。

慢慢地，你的心静下来了，打坐便开始变得很美。它让你似乎变成了一片纯净、波澜不起的湖面。

台湾电影明星林青霞，面对外界纷扰，一向微笑以对。据媒体报导，2000年10月，林青霞参加法鼓山菁英禅修营，因为认同法鼓山的"心灵环保"理念，皈依于圣严法师，法号"常恒"。林青霞的身上，很少看到佛珠，她的修行不拘形式，从周边做起，包容、关怀别人，体会到付出就是快乐。在接受媒体采访时，林青霞也曾表示，从圣严法师那儿学到一些简单的咒语，但并未深入钻研，只是心绪不定时，常会借打坐让心静下来。

佛祖是在打坐中涅槃的，《长阿含经·游行经》中记载了佛祖的最后时光。在娑罗双树林间，佛祖打坐着，以从容之心、安然之态，对众弟子说了这样几句话：

我今自在，到安隐处！

在打坐中，佛祖放下了红尘，又以大慈悲心用佛法温暖红尘，教众生超拔与解脱。佛祖涅槃后，弟子们火化他。在灰烬间，发现了散落着温润光华的神秘物质——舍利，这是佛祖灵魂的宝石。现在，全世界的很多地方都供奉着佛舍利，出家的僧人和在家的居士，也都练习打坐来修行，这都是佛法的光辉。

人生总是在不断地寻找：年幼时努力学习，寻求人生的发展；成年后寻找自己的另一半，期许一生幸福。人们费尽各种力气，都希望能在人间拥有"我找到了"的那一份欢喜。而打坐，就是寻找自我与宇宙万物的同一之道，寻找你和佛陀的相见之门。当你打坐，你像一朵莲花一样静静地在那里开放。只是坐在那里，就会遇见佛陀。

佛祖是个好老师

一说到释迦牟尼，大家就会想到他是佛祖。很少有人会想到，他也是个老师。

在佛教中，佛祖的尊称很长，叫"南无本师释迦牟尼佛"。

"本师"是什么意思？

就是"我的老师"啊。

佛祖与凡夫俗子的众生，是师生关系。

三十岁时，释迦牟尼在菩提树下大彻大悟，开启佛教。为令众生解脱苦难，他席不暇暖地奔走，足迹踏遍了恒河两岸。直到八十岁去世前，有近五十年的时间，佛祖都在做老师，弘扬佛法。

佛祖的教育方式灵活多变，既有佛法大会上正式宣讲《金刚经》、《法华经》等佛经，也有随缘而遇的点化。所以，佛教不只是宗教，还是佛祖对众生至善圆满的教育。

我也是老师，一堂课下来，从头一直滔滔不绝讲到结束。佛祖做老师，不像我这样只重视课堂讲解，而是更重视行动的力量。

《金刚经》的开篇，佛祖还未开口，其实就已经在讲《金刚经》了。他不是通过言语来讲，而是用一举一动来告诉弟子，怎样才是真正的修行。佛祖该吃饭时，就穿起袈裟礼服去化缘，从开始到结束，都是很有威仪、风度，托钵、乞食、返回、吃饭、整理、打坐，一切都从容自然。

佛祖在衣食住行上的示范，让众生便于模仿。佛祖穿衣，不重视是否光鲜；佛祖吃饭，不在意滋味儿。佛祖就是从这些小事入手，教众人要心无挂碍。这比用言语教学，要可靠得多。因为言语的说教，很容易让人陷入言语的表象。

在教学方法和教学水准上，佛祖堪以PK孔夫子。与孔夫子一样，佛祖"有教无类"，他的弟子有波斯匿王等国王和韦提希夫人等王妃，也有地位低下的挑粪匠尼提等人。慈悲的佛祖对众生，不分贫富贵贱、种族信仰，一律平等，使得皈依的弟子日渐增多。

佛祖是像孔夫子那样的好老师，他们都最重启发和点化，而不是填鸭式教育。一部《西游记》，虽是小说家言，最能见出佛祖教学的高妙。

小时候看《西游记》，总是不明白，真经就在佛祖的手中，他为什么要放在西天，让唐僧师徒经历九死一生的磨难？

去西天的道路恰好是十万八千里，让孙悟空一个跟头十万八千里飞去不就得了？为什么这么麻烦，让唐僧带团，孙悟空、猪八戒、沙僧、白龙马，这许多人啰啰嗦嗦地前往，一波三折？

现在看《西游记》，越来越体会到佛祖的无上般若妙智慧……

整部《西游记》中最为玄虚的，就是"吃了唐僧肉就可以长生不老"这则新闻。这是谁传播出来的？散布这则消息的目的又是什么？

我仔细查阅了一下《西游记》发现，最早出现这条新闻，是在"三打白骨精"的时候，妖怪道："造化！造化！几年家人都讲东土的唐和尚取'大乘'，他本是金蝉子化身，十世修行的原体。有人吃他一块肉，长寿长生。真个今日到了。"

白骨精的身份，是个山野妖怪，纵然有些本事，也上不得台面，相当于占山为王的土匪。白骨精的家人，应该也是不入流的下层妖怪。唐僧是"金蝉子化身，十世修行的原体"，这个佛祖的最高机密，这些下层妖精是怎么知道的呢？

唯一的解释就是，"吃唐僧肉可以长生不老"，是在佛祖指使下散布的"谣言"！

佛祖如来是个很高妙的老师，他绝不向学生灌输真理，哪怕是极乐世界的绝对真理，也绝不直接给与，而是让学生主动探究。

西天取经，是佛祖对学生唐僧的历练。如何让手无缚鸡之力的唐僧，历尽千山万水，取来真经，佛祖煞费苦心：把真经放在西天，路漫漫其修远兮，正好可以磨砺唐僧的诚信和耐力；而散布"吃唐僧肉可以长生不老"的"谣言"，使得众多妖精趋之若鹜，尽管妖精们知道吃唐僧肉的风险很大，容易被孙悟空打死；但为了长生不老的幸福指数，仍然前仆后继。这既增添了取经的难度系数，又把所有的妖魔鬼怪吸引来，借助孙悟空一网打尽，造化于人间，以彰显佛门恩德。

佛从人间来，在人间酸甜苦辣尝尽，才换来"佛"超脱尘世的智慧与慈悲。成佛后的释迦牟尼，也不是不食人间烟火的神仙，而是心怀慈悲、弘扬佛法的人间行教者。不经历人间千难万险，怎能真正领悟佛法的精深？

每个人从出生开始，就走上了一条荆刺丛生的道路。佛家说，活着就是受苦，就是历"劫"难。我们的人生，一路上有着无数的妖魔鬼怪，有内在的妖魔：懒惰、自私、怯懦、软弱；有外在的妖魔：小人、误会、利益、功名……有信念的人，最终将战胜他们，在人生的道路上，取得真经。

在取经的道路上没有捷径，没有妖魔鬼怪的取经路，是一条南辕北辙的路。

佛祖老师对众生一视平等地关爱，希望通过佛法的指引，使每个凡夫俗子都获得心灵的自由与幸福。

《金刚经》的开篇，佛祖像每个平常的一天一样，完成了衣食住行一系列生活琐事后，安静地打坐，他在等待，等待主动探究的学生。他会等到吗？

须菩提的提问

　　我的一个博士同学，一家科研院所的研究员，好读书，喜研究。他偶然闲谈间，得知我在写《金刚经》的解读，特意去买了一本《金刚经》，想看看这本书为什么能吸引我。

　　《金刚经》文字很少，和老子的《道德经》一样，只有五千言，他一天就看完了，打电话问我："很多人口口声声信佛，他们供佛祖，拜观音，只是自私地为保佑自己升官发财而已。佛祖知道不生气吗？"

　　我说：佛祖不会生气的。因为他不是一个爱生气的人，而是智慧慈悲的佛祖。他如果纠结于这些红尘琐碎，早就气死了，怎么会悟道成佛？世俗的人确实是功利待佛，但只要有一心向善，佛祖就会宽容他、善待他，指引他如何走向清净的彼岸。

　　在世俗的人眼中，《金刚经》是能够辟邪的，从历史上到今天，很多人为保佑自己富贵吉祥诵读这本书，抄写这本书。然而，《金刚经》的真实意义是什么？佛祖贵为太子，放弃了人间所有繁华，又亲历了世间所有的痛苦，在菩提树下悟到了什么，谁能懂呢？

在给孤独园，佛祖像每一个平常的一天一样，化缘、吃饭、整理衣服、洗脚之后，开始打坐。他从容、宝相庄严地打坐着，放下了所有的意念。他没有主动讲解《金刚经》，而是在等待，等待一个见他"拈花"、会"破颜微笑"的那一个人出现。

这个人，是不容易等来的。佛祖的日常生活淡泊简约、单调刻板，这让众弟子和许多善男信女掉到了云里雾里，无法领会佛的真意。他们只是盲目地信从佛祖，而不是清楚地明白佛祖。

和佛祖一起静穆打坐的一千二百五十名弟子中，就有一个能懂佛祖的人。佛门弟子打坐的时刻，静得只能听见风吹花落的声响。这时，有一个年长的大比丘，忽然激动地站了起来，右膝着地，向佛祖合掌施礼。他，就是佛祖的十大弟子之一须菩提。须菩提可不是个简单的人，他在皈依佛门之前，已经是威震一方的婆罗门教领袖了，年龄也比佛祖大一些。

须菩提幼年的时候，对世事的看法以及待人处世，就与众不同。他生长在富贵之家，父母对他万般呵护。但须菩提从小就不愿做金银财宝的奴隶，父母给他的金钱，他都是随时来随时去地拿了救济穷困的人。在路上若遇到衣不蔽体的乞丐，须菩提甚至会把自己的衣服脱下来布施给乞丐，自己只穿着短衣短裤跑回家。他的父母并不吝惜金钱，但对爱子的作风，非常不理解，就把他叫到身边，训诫道："孩子！你这样的行为真不好，自己的钱，也不问什么理由，就拿了给人；衣服是自己穿的，你脱给人，光着身体多难看！"须菩提温和、恭敬地回答父母："我不知道什么原因，在我心中，觉得世间的一切都与我息息相关，一切人好像和我同一个身体。人是赤裸裸地生下来，为什么赤裸裸就不好呢？人和我有什么不同，把自己的东西给人怎么不行呢？"

须菩提的大慈大悲，正是学佛之人最难得的慧根。他号称佛祖身边解空第一人，对万物的有和无，有着自己独到的看法。他说："宇宙中一切森罗万象，好像都映现在我心中，可是，我的心中又像空无所有似的。假若世上没有大智大觉的圣人，谁也不明白我心中的世界。"

一次，须菩提偶然听到佛祖说法，当即内心空明。尽管他已经是婆罗门教的领袖，依然喜悦地皈依了佛门，陪伴在佛祖身边。

《金刚经》的开篇，须菩提见到佛祖身体力行、躬亲示范佛法，很快参透了玄机，了解了佛的用意……

化缘乞食，是教大家布施。对佛教徒来说，向谁化缘，就是把福田送给谁。所以，一定要按照所遇到的顺序化缘，这才是公平地送福田。佛祖每天不辞劳苦地化缘，就是要让大家时时不忘布施之心。而按照所遇到的自然顺序化缘还有深意，面对不同脸色、不同待遇，要宠辱不惊，这是佛祖在示范如何持戒修行。

化缘时，饭如果装满了饭钵就够了，这是启示众生，减掉人生没有必要的财富拖累。

打坐入定，则是佛祖教大家静思，放下红尘。

所有这一切，都流露着般若之光。

在日常的吃、穿、住、行、出、入、坐、卧之间，能安住真心、降伏虚妄，是佛法的最高境界。很可惜，佛祖如此光芒四射的无言之法，只有须菩提一个人悟到了。他脱口而出：

希有，世尊！

须菩提领悟了佛祖的真意，所以才对自己的老师无比崇敬，赞叹佛祖是"举世罕有的世界之尊啊"！须菩提不是阿谀奉承，佛祖的慈悲之心，绝对是世上稀有的。从佛祖在菩提树下悟道那天起，就希望天下苍生能和他一起解脱红尘烦恼和轮回不尽的痛苦。此时，须菩提心潮起伏，一想到要向佛祖所问的问题及佛祖的慈悲，不由从内心发出感慨、喜悦，似乎看到未来众生及在座弟子，都会因此而得到极大的福祉。

须菩提继续提问，这也是许多佛门弟子的共同问题：

善男子、善女人，发阿耨多罗三藐三菩提心，云何应住？云何降伏其心？

学佛之人，能否发菩提心？发了菩提心后能否持久？纷扰的妄念，如何才能降伏？

换句简单的话说，怎样修行佛法，才会有正果？

佛祖用了整部《金刚经》，来回答须菩提的提问。

佛祖和须菩提的关系，好比孔子和他的弟子颜回，在灵魂上最是互相懂得的。"须菩提"三个字，就是解悟空性的意思。因为须菩提的境界高，很多事情都能明白，所以才会提问题。也就是我们常说的，好学生才能提出问题来。

须菩提发问后，《金刚经》便正式开篇了，佛祖会如何回答呢？

你我都画皮

《聊斋志异》里有个《画皮》的鬼故事：一个青面獠牙的恶鬼，用彩笔绘出一张美女图画，披在身上，摇身变成了一个婀娜多姿、仪态万方的美女。丑陋可怕的恶鬼和软玉温香的美女，是两个极大的反差。蒲松龄正是用这个反差警示世人，要警惕披着美女外衣的恶魔！

其实，披着外衣生活的，不只是恶鬼。你和我，我们每一个人，每一天，都过着一种画皮的生活。我有个朋友，非常喜欢戴墨镜，除了在室内，其他时间都戴着。墨镜就像一张画皮，可以挡掉大半张脸。我曾问过他原因，当时偏巧有个身材火辣的美女走过，他故作高深地对我说："我戴着墨镜的时候，谁也不知道我的眼睛在看哪里。"

世人大都是这样披着画皮生活的，即使没有墨镜，也要给自己加上一层保护色。他们不敢把自己最真实的情绪展现在人前，所以精心掩饰，对不同的人、不同的情景，展示不同的表情。

　　在重奢华、讲实际的现代社会里，人人都有越来越广的人际交往、越来越多的人情世故，却也都不由自主地离天然越来越远。人们羡慕孩子的本真，说想说的话，做想做的事，用单纯的心，完成简单的愿望。成年人常常给真诚戴上面具，多了些虚伪的客套：朋友明明已臃肿不堪，却笑着恭喜，"生活真好，又发福了"；领导明明做错了，却默不做声，且一一照办；同事明明烫发难看，却说，"挺新潮的"。不经意中，你的真心在流失，画皮一步步地包裹了你的心灵。

　　滚滚红尘中，你我披着画皮艰难行走，无所谓痛苦与欢乐。总之，都有画皮遮掩，画皮披得久了，也就不记得自己原来的面目了。

　　生活中的我们，常常需要佛祖的"当头棒喝"。在《金刚经》中，佛告须菩提：

　　　　凡所有相，皆是虚妄。

　　佛祖告诉我们：人生不要被外在的物质世界、现实环境所迷惑、困扰。

　　佛祖，就是战胜了一切外在表象，走向心灵深处提升与获得的人。他抛弃了人世间的一切画皮——王位继承、奢华生活、娇妻爱子、华美服饰、珍馐美味。佛祖每天只吃简单的一餐，穿最朴素的僧服，不顾身体疲惫，行走于恒河两岸，度红尘间的无数烦恼人。

佛祖之所以崇尚简单生活，是因为饭菜对口味，就容易引发食欲，多吃一些；穿衣服也是一样，体面气派的衣服，会让穿着的人不由生出虚荣心来；反之，则会自惭形秽。这些外在的感觉，就是无用的画皮，让人患得患失，生出虚妄之心。除了基本的生存条件外，精美的饮食、华丽的衣饰，都是额外的物质追求。过度看重这些，人就会成为欲望的奴隶。

古今中外的一切贤哲，都主张过简朴的生活，以便不为物役，保持精神的自由。孔子就曾说："不义而富且贵，于我如浮云。"事实上，一个人为维持生存和健康所需要的物品并不多，超于此的便属奢侈品。物质的享乐对于人生来说，是最危险的东西。它没有牙齿，却可以吃掉你的理想；它没有双脚，却能带你走向歧途；它不是砒霜，却可以毒害你的情操、意志……现代人是活得愈来愈精致了，结果得到了许多享受，却并不幸福；拥有许多方便，却并不自由。

有这样一个小故事：

一个人在河边晒太阳，另一个走过来，指责他："你怎么这样懒惰，为什么不去好好工作？"那个人就问："工作是为了什么？"另一个人回答："为了赚钱。"那个人又问："赚钱为了什么？"另一个人回答："为了享受。"那个人就说："我现在不就在享受吗？"

这是一个非常有趣的故事，流传着不同的版本。网上还有一个版本是这样的，说是有两个朋友离开城市去旅行，无意中到了一个偏僻的岛上，像世外桃源那样美丽。其中一个马上决定不回城市了，就在这个岛上搭了房子，每天打打鱼，看看日出日落。另一个人回到城里，忙着去融资，忙着做方案，要在这个岛上开发房地产，忙了很多很多年，头发秃了，身体发胖了，但是，终于成了成功的开发商，赚了很多钱。然后，他说要退休了，就在海边买了幢别墅，开始享受人生。而他的同伴，一开始就享受了人生。

这是个寓言式的故事，警示着我们——我们凡人常常在忙忙碌碌之中倏忽老去，没有时间去品味人生的种种细微之美。

其实，每个人心中都有一些美好的情怀，只是在生活的琐碎中渐渐被尘封了。禅宗有一句偈语说得好：

时时勤拂拭，莫使惹尘埃。

保持清醒、宽厚、真诚，不断积蕴自我的真心，也就是保有了人间最可珍贵的财富。

现在在一些成功人士中间，流行着一种"新退休主义"。

这些社会精英，经过商场拼杀，获得了荣誉、地位和金钱之后，在人生鼎盛的中年毅然退休，回归自然，去做自己喜欢的一切事情。他们，也许就是今天看开了"画皮"的智者吧？

放下画皮，解脱自己的，是智者；心怀众生，帮众生解脱烦恼的，是菩萨。

有情菩萨

　　佛教人物中，中国人最喜欢的是观音菩萨，她千处祈求千处应，手持杨柳枝、遍洒清凉液，以甘露法水，止息众生的烦恼。很多人供奉观音，把她奉为神明。

　　其实，神化往往意味着疏远。

　　观音菩萨是佛祖的弟子，早期的弟子。我们现代人，如果一心向佛，就是佛的现代弟子。那我们和观音菩萨，是什么关系呢？

　　观音菩萨是我们的师姐，我们是她的小师弟小师妹。

　　因为观音师姐，"菩萨"这个词，不仅让我感觉很亲切，也让我充满了惊喜与感动。

　　菩萨，是梵语的音译，翻译成汉语，是"觉有情"的意思。

　　我们常说："情"是人生最美的花朵，有了亲情、友情、爱情，人生才绚丽、丰富。但菩萨的"觉有情"，不是红尘中的"情"。庄子和惠施，有过一段关于"情"的对话，可以很好地解读"菩萨"的含义：

> 惠施问庄子："人是无情的吗？"
>
> 庄子说："人是无情的。"
>
> 惠施问庄子："人若无情，怎么能称作人呢？"
>
> 庄子说："天给了人容貌，给了人形体，怎么不能称为人呢？"
>
> 惠施又问："人称为人，怎么能没有情呢？"
>
> 庄子笑了笑，答："我所说的无情，是不损害自己的本性，顺任感情的自然需要而为。人为的感情，有所爱便有所不爱。自然的情，无爱无不爱，所以能普及，也能永恒。"（译自《庄子·德充符》）

如果没有惠施的这一连串关于"无情"的追问，庄子的深意，可能我们就无从知晓了。庄子所极力主张和推崇的是：人可以有感官的欲求，却不应该因为这些好恶之情，而使自己的身心受到挫损和伤害。人可以有情，但如果一味地被"私情"所拘泥或局限，就不能获得"逍遥"之乐。

菩萨的"觉有情"，正是庄子所说的"无情"。"无情"，并不是对生活漠不关心，而恰恰是一种人间的"大爱"。世俗都将乐善好施及扶困济穷的人，称为"菩萨心肠"。从菩萨这个名称本身看，就已经把自己的使命揭示得一清二楚了。要作菩萨，就必须让所有的生命都得到解脱而生活得幸福自在。

菩萨还没有像佛祖那样圆满具足，只能从自己最擅长的角度入手，协助佛祖传播佛法，普度众生。所以，菩萨是有分工的，中国最推崇的四大菩萨，就有四种不同的分工：

文殊菩萨以智慧著称，善于洞察纷繁事理、引导教化众生；

观音菩萨的特征和职责都是慈悲；

普贤菩萨既有成佛的誓愿，又愿意身体力行去实践，所以代表修行与誓愿两个方面；

地藏菩萨曾发下宏誓："必尽度六众，始原成佛"，言说着舍己度人的愿力。

佛教理念人格化凝聚在四大菩萨之中，成为有血有肉的形象。

观音菩萨，在古印度佛教中为男子形象，流传到中国后，随着菩萨信仰的深入人心，菩萨本身所具有的深切的人情味，便逐渐使其转为温柔慈祥的女性形象。大约从宋朝开始，观音菩萨变性成了女人。

大凡信佛之人，遇到苦恼、危险、灾难，便会口中念念有词：观音菩萨保佑！在老百姓心目中，观音菩萨就是119的急救人员，所以观音菩萨才会说：

众生不成佛，我誓不成佛。

个人的悲欢，个人的一切，都在众生面前显得无足轻重；只有众生的喜乐、众生的离苦得乐，才是菩萨唯一努力的目标。

菩萨不是泛爱，而是让我们怀着一颗平常心，在日常生活中付出爱心。现代人常失意、彷徨，觉得天下我最孤独，无人怜爱。却忘了爱不是封闭的，而是开放的；不是高傲的，而是朴实的。试着把爱意融入生活的点点滴滴：常对你身边的亲人、朋友微笑，你的快乐会让他们备感温馨；乘车时给老者让座，你的善良会让他心头一暖；送花给已相伴多年的老妻，你的深情会让她觉得生活更幸福。

菩萨不单会端坐在寺庙里，以金光闪闪的法身来感召着我们。当你随意地走在大街上的时候，其实就会发现，有无数的菩萨在你左右！

每一天，都会有无数的菩萨来到我们面前，进行说法。这个说法，并不一定都是讲经说法，而是应机的、方便的，甚至有时会以反面的现实来给我们说法，就看我们是否能领会。

菩萨可能是一个白发苍苍的老者，蹒跚步履间告诉我们生命季节轮转的不可抗拒；可能是一个新生的婴儿，用哇哇啼哭来告诉我们来世今生的无始无终；可能是一个浓妆艳抹的风尘女子，来告诉我们淫欲的可怕；甚至可能是您餐桌上的一只烤鸡，用自己的肉身来告诉您被宰杀的痛苦。这芸芸众生无不是菩萨，给我们一遍遍地讲述苦空无常的道理。

您见到了吗？您反思了吗？您知道感恩了吗？

　　当然，我们承受着生活的重压，常常有不顺心的时候，心里难免生出怒气与怨恨。假如任凭这些情绪到处流泻渲染，无疑会使眼里的世界变得灰暗。你早上坐公共车去上班，忘了带公交卡，恰好又没零钱，被心情不好的售票员抢白了几句，心里越想越气；走上自己的工作岗位，又把这股火发泄到他人身上，如此恶性循环，很多人都会因那个售票员而搞得一天心情很遭。但假如把恶言恶语换作微笑，结果就不大相同了：人人都处于良好的情感链条上，生活也会因之而轻松。正因为每个人的生活都不容易，这世界才需要我们投入更多的关爱与微笑。

　　亲，你是否在日常生活中当面错过了菩萨?！

三千大千世界

佛祖讲《金刚经》时，须菩提等一千二百五十名比丘围坐在周围。佛祖突然问须菩提：

你能想象出东方的虚空有多么广阔吗？

须菩提向着东方看去，他应该看到了其他的比丘，看到了给孤独园中的草木，看到了墙壁，然后，他的眼睛就看不到了。但是，眼睛看不到的地方并不是尽头。墙壁的外面有树林；穿过树林，是一条大路；大路一直通向舍卫大城；穿过舍卫大城一直向东，就是大海；大海辽阔无垠，望不到边际；大海再向东，是茫茫的宇宙。

渺远的"虚空"，是无法用人类有限的色、香、味、触等感官形象来理解的。所以，须菩提回答：

东方的虚空是不可想象、不可思量的。

佛陀又依次问了南方、北方、西方……须菩提在瞬间心念入定，向着南方、北方、西方和四维空间的任何一个方向看去，都是无限广大、遥遥无际。

须菩提回答：

无论哪个方向的虚空，都是不可思量的。

佛陀的提问，是一扇门、一种修心的法门。在任何一个狭小的点上，我们都可以让心灵越过无数的障碍，看到无限的空阔。

当你和一群素不相识的人在车站等车，当你一个人在家里的客厅看电视，当你在会议室里开一个无聊的会，当你和闺蜜在街上闲逛，当你……你都可以尝试着迅速安静下来，向着东西南北、四面八方观看，用眼睛，更用心灵，去感受无限绵延的空间，去想象与你同时存在的无限事物。

这种观照，不仅会开阔我们的心胸，更会引导我们觉知到：存在的真相，并非只是我们眼前所见到的，我们的眼睛无法见到的，别处的美、别处的精彩，也真实地存在着。

这就是佛陀在《金刚经》中所说的"观十方虚空"，里面存在着"三千大千世界"。其中的"三"不是简单的数量词，而是与道家所谓的"道生一，一生二，二生三，三生万物"的"三"有同理之妙。

佛教所言的"世界"极为广大，以须弥山为中心，同一日月所照的东、西、南、北四个洲（东胜神洲、西牛贺洲、南赡部洲、北俱卢洲）为一"小世界"，合一千小世界为一"小千世界"，合一千小千世界为一"中千世界"，合一千中千世界为一"大千世界"。因大千世界中有小、中、大三种"千世界"，故名

"三千大千世界"。

虽然三千大千世界已经大得惊人，但它并不能代表整个宇宙。事实上，它在宇宙中，就像沙粒一样渺小。

整个宇宙有多大呢？

这在佛教的很多经典中都有说明。宇宙之大，包含十方微尘世界。"十方"是指东、南、西、北、西北、东南、西南、东北、上、下，其间散布着无量无边的微尘。在十方世界中的三千大千世界，就如微尘那么数不胜数。

无论是"观十方虚空"，还是"三千大千世界"，亦或是"十方微尘世界"，都是十分玄妙的概念。

那么，佛祖到底在说什么？

有了自然科学的理解，我们就会明白佛教的"三千大千世界"是一种多么壮丽的宇宙观！

佛在说：我们赖以生存的世界，是多维的。我们都说宇宙广袤无边！在银河系中，已发现如同太阳的恒星近十亿个。而银河系外，更发现有茫茫无边的河外星系。

当20世纪初叶，爱因斯坦提出"相对论"的时候，许多科学家都为之惊得目瞪口呆，感到不可思议。然而，佛教却早已有了"大千世界若一微尘"、"一微尘含大千世界"、"无数劫犹一刹那"、"一刹那等无数劫"的种种相对论的提法。

这些相对的佛教观念，多么无拘无束！又多么辽阔！

那些遥远的星体和星系，虽然其本身确实大如"三千大千世界"，但从地球望去，何尝不是一粒粒"微尘"？而那些一个个连显微镜下都无法看见的原子，虽然其本身小如"微尘"，但与一个个电子或其他基本粒子相比较，又何尝不是一个"大千世界"？

唐代的李公佐写了一篇传奇《南柯太守传》，说的是发生在蚂蚁国的一个有趣故事，大意是说：

隋末唐初的时候，有个叫淳于棼的人。他家的院中有一棵根深叶茂的大槐树，盛夏之夜，月明星稀，树影婆娑，是一个乘凉的好地方。淳于棼过生日的那天，亲友都来祝寿，他一时高兴，多喝了几杯，带着几分酒意，坐在槐树下歇凉，不觉沉沉睡去。迷迷糊糊中，仿佛有两个紫衣使者请他上车，马车朝着一座高耸巍峨的大城驰去。但见城中晴天丽日，另有天地。车行数十里，行人络绎不绝，景色繁华。不一会儿，就到了这座城下，城门上金匾书写着"大槐安国"。正赶上京城会试，他便报名入场。发榜时，他高中了第一名。紧接着殿试，皇帝看淳于棼生得一表人才，举止大方，亲笔点为头名状元，还把金枝公主许配给他为妻。状元公当了驸马郎，一时成为京城的美谈。婚后，夫妻感情十分美满。淳于棼被皇帝派往南柯郡任太守。到任后，淳于棼勤政爱民，把南柯郡治理得井井有条，前后二十年，上获君王器重，下得百姓拥戴。这时，他已有五子二女，官位显赫，家庭美满，万分得意。

不料檀萝国突然入侵，淳于棼率兵拒敌，却屡战屡败；这时，金枝公主又不幸病故。淳于棼连遭不幸，辞去太守职务，扶柩回京，从此失去国君宠信。他心中悒悒不乐，君王准他回故里探亲，仍由两名紫衣使者送行。车出洞穴，家乡山川依旧。淳于棼返回家中，只见自己身子睡在廊下，不由吓了一跳，惊醒过来，眼前仆人正在打扫院子，两位友人在一旁洗脚，落日余晖还留在墙上，而梦中经历却好像已经过了整整一生！

淳于棼把梦境告诉众人，大家感到十分惊奇，一齐寻到大槐树下，果然掘出个很大的蚂蚁洞，旁有孔道，通往槐树伸向南方的一根树枝，想来就是槐安国了；另有小蚁穴一个，想来就是淳于棼梦中的南柯郡了。原来，他所经历的浮沉起落，都发生在这一根槐树枝上的小蚁穴里！

这个蚂蚁社会虽然小，也有风云人物和英雄美女。淳于棼纵然经历万般丰富，然而活动范围终究只是槐树底下的一个蚂蚁窝而已。所以，人生的诸般境遇也不过如此，对己而言是天大的事，可是终究只是沧海一粟。人生也如白驹过隙，只不过是短暂的一瞬。种种钩心斗角、明争暗斗，也不过是蚂蚁般的忙碌罢了。

所以，人与人之间，与其争斗，不如携手！把胸襟放宽，从"蚂蚁国"中走出来，摆脱功利、物欲的诱惑，不迷恋，不沉溺，从容平和；不贪求，不沉醉，宽容博爱，我们就不再会劳心伤神。不被眼前之利所局限，胸怀自然能够开阔，自成高格，一段潇洒无羁的真人生，也就从此开始了。

　　佛祖用"三千大千世界"这个广博到极致的概念，用"东方虚空"的邈不可测，来告诉我们凡人，世界并不只限于当下、限于"这里"，在我们之外，有着广阔的天地。把你的视线转向内心，你将发现你心中，有一片像"东方虚空"那样无垠的空间！

　　历史很长，人生很短；宇宙很大，人很渺小。如果为蝇头微利去自寻烦恼，为荣辱得失去厮杀，迷失了为人的本性，丧失了做人的乐趣，空来人世一遭，岂不是很傻？！

弹指一挥间

佛祖在讲《金刚经》之前的日常生活，平淡无奇，却像牛顿头上的苹果一样纷纷砸下。若没有须菩提的当机醒悟，请佛祖详解，恐怕就不会有我们今天所见的《金刚经》了。须菩提发问的那一瞬间，可以说触发了参透红尘的智慧。

佛经中常常提到瞬间、刹那、弹指。毛主席诗词中就有"弹指一挥间"的诗句：

> 风雷动，旌旗奋，是人寰。三十八年过去，弹指一挥间。可上九天揽月，可下五洋捉鳖，谈笑凯歌还。世上无难事，只要肯登攀。（节选自《水调歌头·重上井冈山》）

很多人望文生义，以为"弹指"就是用手指轻轻一弹。其实，"弹指"并非用手指"弹"，"弹指"、"刹那"、"瞬间"，都是来自印度的梵语，是佛教中时间的量词，均表示时间非常短暂的意思。

到底有多短呢?

根据佛教典籍《僧祇律》记载:

> 刹那者为一念,二十念为一瞬,二十瞬为一弹指,二十弹指为一罗预,二十罗预为一须臾,一日一夜为三十须臾。

据此可以推算:一天一夜24小时有480万个"刹那",24万个"瞬间",1.2万个弹指,30个须臾。以现代的时间来计算,一昼夜有1440分,那么,一"须臾"等于48分钟,一"弹指"为7.2秒,一"瞬间"为0.36秒,我们常说的"一刹那",也是佛教中最短的时间,应该是0.018秒。

无论"弹指"、"瞬间",还是"刹那",在佛教中都是重要的"当下"。只要如须菩提一般,在那一个"弹指"间,你悟道了,那个"弹指"间,就有了"涅槃"的意义。

中国哲人很早就开始了对于时间的沉思,孔夫子站在水边慨叹:"逝者如斯夫,不舍昼夜";庄子以"白驹过隙",喻指人生的短暂。《诗经》则更早就唱出了人类面对时间的悲凉之叹:

> 蜉蝣之羽,衣裳楚楚。
> 心之忧矣,于我归处?(《曹风·蜉蝣》)

蜉蝣是最原始的有翅昆虫，它的生命仅有几小时。然而在这几小时内，要经过两次蜕壳，练习飞行，交尾，产卵，非常忙碌，完全不饮不食。蜉蝣的成虫很美，它身体柔软、纤细，却长着一对大大的、完全是透明的翅膀，身姿轻盈，宛如纤腰的古代舞姬；它的尾部，有两三条细长的尾丝，就像古代美女长裙下拖曳的飘带。它停歇时，翅膀恰似舞姬的裙裾层累，平添百般风致；飞起时，翅膀在阳光下折射成七彩，俏丽动人。

蜉蝣的生命这样美丽，却又这样短暂，诗人难免要见之怦然心动："蜉蝣之羽，衣裳楚楚。"然而，目击着美，诗人却兴起一种惆怅的情感，由此联想到了人生——人生的精彩，正如蜉蝣飞舞时的美丽一样，转瞬即逝，绚烂过后呢？百年后，我，又在哪里？诗人已经认识到，人生的归宿与蜉蝣的归宿，在本质上是同一的，都不可逃避死亡的规律！

有一篇安徒生童话，说的是大树和蜉蝣的一番对话：大树说自己可以活千百岁，你蜉蝣活一辈子简直就是一瞬间了。蜉蝣却说，自己的一天，就等于快快活活的千万个一瞬间，只要活得快意，有什么长短之分？

蜉蝣的快活"瞬间"，正是佛祖悟道的"瞬间"。以佛祖深远的时间观来看，蜉蝣的朝生暮死与人生百年，并无实质上的不同。所以，人类不必用自己的眼，悲悯地看蜉蝣。这小虫的一生如此铺张地华丽，就如昙花一现，短虽短，却是超美的。

时间就像是一条滔滔不绝的河流，是不能分割的；但为了方便人的计量，不得不从绵延不绝的时间之流中，将它区分为秒、分、时、日、月、年等若干单位。佛教中恰恰销蚀了现实世界的具体时间，而重视心灵的提升与圆满。

人自出生到这个世间来，就在时间的不断推移中走过生命的历程。晋陶渊明有诗云：

> 盛年不重来，一日难再晨。
>
> 及时宜自勉，岁月不待人。

人的生命在时间上，只不过短短几十年，白云苍狗，无非梦境；在空间上，也不过是七尺肉身之躯，"大厦千间，夜眠不过八尺；良田万顷，日食不过几斛"。面对着这样有限的生命，佛教希望我们能突破时空的藩篱，将生命遍布于一切空间，充满于一切时间，就可以超越死亡和无常的恐惧，在无限辽阔的时空中生生不息了。

佛语中常说"一念成佛，一念成魔"。佛教中最长的时间，名为"阿僧祇劫"，就是无数。在佛祖眼中，时间没有客观的长短，心念一动，一刹那可以或上到天堂或堕入地狱。所谓"无量阿僧祇劫"，也只是在一念之间。

佛教这种对时间的消解，给了凡人学佛一个很低的门槛，只要你愿意，无论何时何地开始走向佛陀，他都会对你展开怀抱。

我的那位居士朋友，担心我从未涉猎佛教，写不好《金刚

经》的解读，其实是多虑。按照佛祖的时间观，我看《金刚经》
的"刹那"，就是我心灵提升的"永恒"。

　　诗人席慕容有：

　　　　你不必跟我说再见
　　　　再见的时候
　　　　我已不是当年的我了!

　　你读《金刚经》的弹指一挥间，就不再是曾经的你，而是
有佛心相伴的全新的你!

你的心是什么心

　　唐朝有一位高僧名叫德山宣鉴，俗姓周，很有慧根。他经常向僧众宣讲《金刚经》，还写了厚厚的一本书《金刚经注疏》，在佛门弟子中很有名。因此，德山法师在很年轻时，就得了个绰号，叫"周金刚"。

　　有一次，德山法师挑着行李和他写的《金刚经注疏》，出门拜访其他高僧。途中，他遇见一个卖饼的老婆婆在路旁歇肩休息。此时，饥肠辘辘的德山宣鉴，闻到香气扑鼻的饼，按捺不住，上前买饼作点心。

　　老太婆指着德山法师挑的担子问道："师父，你这挑担中装的什么？"

　　德山宣鉴答道："装的是我写的《金刚经注疏》。"

　　老太婆说道："既然你精通《金刚经》，那我就向你提一个问题，答对了，我送饼给你当点心吃；如果没答对，就请你到别处去买，我这饼也不卖给你了。"

德山法师答道："那好，请老施主提问吧。"

老太婆问道："《金刚经》上说：'过去心不可得，现在心不可得，未来心不可得。'不知道师父今天您要点哪个心？"

德山法师听后，不知所措，无言以对。

德山法师是研究《金刚经》的，他为何答不出老太婆的问题？

理障。

读《金刚经》，最要重视的就是"无住"两字，就是不让心停留在任何地方，不让任何事物缠住了自己的心。若能了悟"无住"，就会走近佛陀了。

在这则公案中，德山宣鉴虽对《金刚经》了然于字句，但他"当下"的心，却被"买饼充饥"占据，看不清心的本来面目，所以被老太婆问得瞠目结舌。

其实，老太婆的问题很好答，德山只要说："谢谢老人家的供养！"挑起经担，头也不回，扬长而去，他就不必吃憋，吃憋的应该是那位老太太了。

众生的心，就像时间一样，不停在变，永远把握不住。我们说一声未来，就已经变成了现在；说一声现在，又变成了过去。时间一分一秒地无声流淌，一个个"现在"，不断地变成"过去"。我问你现在的心思是什么？你回答的内容，已经是你上一秒钟的心思，流到"过去"的河水里去了。

没人知道自己未来会有什么想法、心会有什么改变。别说"永恒"，世上没有永恒。与其寄希望于未来，不如珍惜现在。

用现在心，面对它，接受它，解决它，放下它。

过去心不可得，所以我们不必常常把自己关在过去里出不来；现在心不可得，所以不必整天愁眉苦脸地像等待被判决的囚犯；未来心不可得，所以我们更没有必要杞人忧天。

只有无所执着，才能成佛。

我们的烦恼、痛苦、绝望、发怒，或者从容、自在、快乐、闲适之类的感受，都源于我们的心。在生活中的每时每刻，我们的心都会对情绪产生影响，或悲或喜、或烦恼或自在、或绝望或希望，要感受到更多的幸福与快乐，就必须学会管好我们的心。

然而，管好我们的心谈何容易？

不能悟道，连苏东坡这样聪慧又有佛心的才子，也会偶尔有痴迷：

东坡在瓜洲任职时，和金山寺只一江之隔，他和金山寺的住持佛印法师，经常谈佛论道。一日，东坡自觉修持有得，作诗一首，派遣书僮过江，送给佛印法师一阅，诗云：

稽首天中天，毫光照大千。

八风吹不动，端坐紫金莲。

"八风"，是指人们在生活上所遇到的"称、讥、毁、誉、利、衰、苦、乐"等八种境况，能影响人的情绪。这是人之常情，然而有一个人，居然"八风"都吹不动他，这人是谁？就是佛陀。

这是一首意境很高的诗，不是对佛法有相当的造诣，绝对写不出这样的好诗，所以东坡才急着向佛印显摆。

佛印法师从书僮手中接过看了之后，拿笔批了两个字，就叫书僮带回去了。

这边东坡以为佛印一定会赞赏自己修行的境界，急忙打开佛印的回信，一看，只见上面写着两个大字：

放屁！

东坡不禁无名火起，立马乘船过江找佛印理论。

船快到金山寺时，佛印法师早已笑眯眯地站在江边等候东坡了。

东坡一见佛印，就气呼呼地说："法师！我们是至交道友，我的诗、我的修行，你不赞赏也就罢了，怎可骂人呢？"

佛印若无其事地说："骂你什么呀？"

苏东坡把诗上批的"放屁"两字拿给法师看。

佛印哈哈大笑说："哦！你不是说'八风吹不动'吗？怎么'一屁就打过江'了呢？"

苏东坡惭愧不已。

修行，不是嘴上说的，做到才是功夫。

人生短暂，与浩瀚的历史长河相比，世间一切恩恩怨怨、功名利禄，皆为短暂的一瞬。背着包袱走一生会很辛苦，懂得放下才会快乐。而更该看开的是：我们不过是人世间的一个匆匆过客。当我们怪罪外界环境给我们带来苦恼和不安的时候，要返归自心，检点自己的善念恶念有几分，就知道自己的心是什么心了。

读《金刚经》，悟佛心，不是每个字都要求甚解，依文解义不是了悟《金刚经》的妙法。

怎样读这部佛经？

释迦牟尼老师在《金刚经》中，告诉我们四个字：

受、持、读、诵。

受，就是接受；持，就是在心底坚持，持之以恒；读，就是自己阅读这本经典，如果可能，也教别人读；诵，就是从头到尾要读诵出声，声音或大或小，最好是清晨，念完了把经卷一合，看看自己的心态有什么变化。

如果有一天，在诵读后，你能把《金刚经》所有的文字都忘掉，那你就是真正了悟这部佛经了。

背起你的金刚剑

我们的生活，时刻都在取与舍中选择。但是，我们又总是渴望占有，拒绝放下。

《世说新语》里有一个故事：

> 有一个女孩到了结婚的年龄，有人问她："东边这家清贫，但儿子相貌俊朗、品行端正；西边这家富有，但儿子相貌丑陋，是个酒囊饭袋，你选择哪家的儿子做丈夫呢？"女孩答道："我想住在东边这家，到西边那家吃饭。"

既是选择，自然非此即彼。这个女孩未免太贪心了。人世的烦恼，都是源于我们心里放不下，或爱情、或名利、或金钱……

佛祖没有烦恼吗？

我想，他的烦恼更多，因为他承担着解脱众生的重任。

佛祖正是用金刚剑，斩去了一切外在的烦恼，才有大智大觉的。

《金刚经》的"金刚"二字，就是金刚石（也就是我们今天所说的钻石），为八面或十二面之结晶。把金刚石放在日光或灯光下，就会放射出灿烂的光彩。金刚石的质地特别坚硬锐利，能切割玻璃，能雕刻岩石，能凿穿岩层，能钻磨一切宝石，为万物之中最尖利者，以此来比喻佛法的智慧。《金刚经》就是降伏心魔的慧剑。

在现实生活中，面对生活的超重，应该重新面对自己，站在生活之外看生活，认识到人类的渺小。这个世界每天都有新的商品诞生，物质越来越丰盛了。但物质相对于人来讲，永远是身外之物。人类已经把自己的衣食住行打点得越来越精致，把外在的条件整治得越来越舒适了。

但是心灵呢？

却在越来越辉煌的物质文明中萎缩，淹没在闪烁的霓虹灯下，迷失在情感的沙漠里。

佛法里面有一个词叫"觉悟"。什么是觉悟呢？

觉的繁体字形是"覺"，与"學"、"敩"是同一字头，原初的形状像尚未发育完全的孩童的头颅，寓意是指心智尚未健全的人，后来寓指人的头脑；下面一个看见的"见"字，这一合体象形字的字义为，用头脑感知或辨别。悟是"忄"旁加一个

"吾"字，忄即心，是该字的形旁，"吾"是表声音的声旁，这一形声字的字义是，用心来了解和领会。从字形来分析，"觉悟"的含义就是，用思维和心智感知事物，从而由迷惑而明白，由模糊而认清。

佛经中最让人觉悟、影响最大的就是《金刚经》。

我读《金刚经》，最珍贵的体会，就是心灵在一点点地觉悟：很多人活得够用心、够努力、够忙碌、够辛苦，但就是活得不快乐、不幸福、不成功，因为他们看不清自己，不知道自己真正需要的是什么，不知道什么该坚持、什么该放弃。

人的一生好比负重赛跑，从一出生，就不断往身上加"沙袋"，然后在不堪重负中终了一生。人生的确有太多的"沙袋"："学业沙袋"、"名誉沙袋"、"钱财沙袋"、"房子沙袋"、"情欲沙袋"、"儿孙沙袋"等等。大多数人一辈子，就背着这些沉重的"沙袋"，疲惫地活着，直至生命终结。也有一些聪明人，能洞明世事、了悟人生，放下"沙袋"，活得自由自在。清朝诗、书、画三绝的郑板桥，在自己人生春风得意时，曾写下过这样的句子：

名利竟如何？
岁月蹉跎！
几番风雨几情和！
愁水愁风愁不尽，

总是南柯！（《远浦归帆》）

这不是落魄寒士自我解嘲的风凉话，而是郑板桥经历了名利巅峰后的透达。世事无常，人们所拼命追求的、所拥有的，是否是最珍贵的东西呢？

可是，世人却往往被虚名物欲所累。郑板桥放下了"名利"的"沙袋"，在诗词字画中遨游终生，在"难得糊涂"中悠然自适。

台湾佛学大德星云大师有言："迷惑时，我们失去所有时间；开悟后，我们拥有全部世界。"我们之所以感到重压之下的生活不快乐，其实正是作茧自缚，自己给自己增加了功名利禄的重负。

挥起金刚剑，斩断绑缚在我们身上重重叠叠的沙袋并非易事，需要很大的勇气，更需要很高的智慧。佛经里有这样一个小故事：

有一老一小两个和尚外出化缘，遇到一个女子，在河边踟蹰不前。

老和尚上前问道："施主可有难处？"

那女子皱眉道："这河水深浅不知，奴家欲去对岸而不得，师父可能帮我？"

老和尚背起这女子，涉水而过。

过了半天，小和尚不解地问道："师傅，我们是出家人，你刚才却背了那女子，这如何使得？"

老和尚头也不回地往前走，说："什么女子？我早就'放下'了，为何你还没有'放下'呢？"

生活中拿得起容易，放得下难。男女恋人分手后，常常不自觉地会产生这样的想法："我真的不甘心输给他，我一定要过得比他好！"发誓要比对方过得好，只不过是要证明对方当初的选择是错误的。如果放不下这种比较之心，那其实已经输了，证明你还没有从对方的影子里走出来。如果一直生活在别人的阴影里，哪里还会有幸福呢？

一个人往往只有经历了漫长的人生跋涉后，才最终会明白生命的意义其实并不在于获得，而在于放下。放下会使你冷静、主动，放下会让你变得更智慧、更有力量。人的一生，是放下和获得的矛盾统一体。你不可能什么都得到，生活中应该学会放下。放下权力，你可能获得轻松；放下机遇，你可能摆脱牵累；放下已经死掉的爱情，你可能有机会看见更适合你的芳草。所以，佛祖说，要放下机心，"应生无所住心"，就能获得心灵的快乐。

明人洪应明有一著名的联语：

宠辱不惊，闲看庭前花开花落；
去留无意，漫随天外云卷云舒。（《菜根谭·概论》）

意思是说，为人做事能视宠辱，如花开花落般平常，才能不惊；视富贵、生死的来去，如云卷云舒般自然，才能无意。一副对联，寥寥数语，却深刻道出了人生对事对物、对名对利应有的态度：得之不喜、失之不忧、宠辱不惊、去留无意。这样，才可能心境平和、淡泊自然。一句"闲看庭前"四字，大有躲进小楼成一统，管他春夏与秋冬之意；而"漫随天外"四字，则又显示了放大眼光，不与他人一般见识的博大情怀；一句"云卷云舒"，更有大丈夫能屈能伸的崇高境界，与范仲淹的"不以物喜、不以己悲"，实在是异曲同工，更颇有魏晋人物的旷达风流。只要你心无挂碍，智慧地"放下"，何愁心中没有泉水淙淙、春莺啼鸣呢？

生活的目的就是幸福，烦恼、占有、过度的表扬、已逝的爱情，不妨都"放下"。幸福其实很简单！

佛祖给我们每个人，都准备了一把金刚剑，待你随时背起。

灭生死

有一户人家生了个男孩，小孩满月摆酒，抱出来给客人看，一位客人说："这孩子将来要发财的。"他于是得到一番感谢。一位客人说："这个小孩的面相真好，将来一定是个大官"；又一位客人说，这个小孩的眼睛很有灵气，将来一定是个大才子。主人听了非常高兴，一一答谢，还请他们就座吃饭。这时，突然冒出一个冷冷的声音："这个小孩以后肯定会死掉。"主人大怒，让仆人把说话的人打了一顿，赶了出去。

这个故事，我是从鲁迅的杂文名篇《立论》上读到的。鲁迅用这个故事感慨的是，说假话的都得到好的招待，而说真话的却被赶了出去。那些得到款待的，也并非说了假话。他们说的，其实是祝愿的话，或者用通俗的说法，是好听的话。

为什么好听？

因为那些话折射了主人自己的愿望，主人希望自己的孩子升官发财，愿意他成就大事。听到别人的口里说出了自己的愿望，当然高兴。

对一个刚刚满月的孩子来说，未来有无限的可能性，他也许会当大官，也许会成为莫言那样获得诺贝尔文学奖的大作家，也许会发大财，这都有可能。然而，这些都仅仅是可能。在这孩子人生的N种可能中，只有一个可能性是真实的，那就是他以后肯定会死掉。他也许会成为将军，也许会成为酒店的领班，也许会成为一个大公司的董事长，或别的什么，都是不确定的，但死亡是确定的，他一定会死掉，这是不容争辩、不容怀疑的。

那个在满月宴会上说孩子会死的人，有点像安徒生童话《皇帝的新装》里的小孩子，说出了一个简单的一直就在我们面前的真相：皇帝赤露着身体，在街上招摇。

所有的人都在赞美那件看不见的华服，只因人人害怕被认为是愚蠢的人。只有一个孩子，老老实实地说出了他看到的事实：只不过是一个裸体，哪有什么漂亮的衣服！

满月宴会上说孩子会死的人，也只不过是说出了一个简单的真相。人们不愿意看到或听到这个真相，而愿意用各种祝福的话，去建构一个繁华的日常世界，让自己迷醉在其中。

然而，我们日常所执着的那些东西，就像皇帝的新衣一样，是一个幻觉，实际上赤条条，空无一物。无论生活多么热闹，最终都将因为死亡而归于空无。

古今中外的思想家，都仔细思考过如何面对死亡，最坦然

的是庄子。庄子的妻子死了，朋友惠施前来吊唁，看见庄子叉
着腿坐在地上，手拍着瓦盆在唱歌。惠施责问道："人家与你
夫妻一场，为你生子、持家，如今去世了，你不哭也就罢了，竟
然还唱歌，岂不太过分、太不近人情了吗？"庄子说："我不是
对她无情，她刚死时，我怎么会不感到悲伤呢？但仔细一思量，
我才发现自己仍是凡夫俗子，不明生死之理，不通天地之道。
她虽然死了，可仍安然睡在天地这间大房子里，她再也不会有
穷苦和疼痛了，我要为她庆贺！这是她的归宿，人人都有这样
一个归宿，如此想来，也就不感到悲伤了。"

庄子告诉我们：生、老、病、死，只是一个自然的过程，就
像四季更替一样不可抗拒。人留恋生命而畏惧死亡，必然带来
精神的痛苦。庄子看淡生死，他的生死观，一如他对其他事物
的看法：这不过是自然的变化，没什么好过分操心的。

佛祖怎样看待死亡呢？

面对生死烦恼，佛祖提出了"灭生死"的概念。生死烦
恼，是众生心中的监牢，把我们的心一层一层地捆绑住，给予
我们种种痛苦。悟道成佛，除了要放下名利之累外，还要放下
生死之累。

在佛教里，念死是一种修行。"念死"就是把死亡的意
识，融汇到我们的日常生活中，从而舍弃对于尘世种种利益的
爱欲。如果念死的意识没有融入日常生活，就不可能真正地走
近佛祖。

那么，这种"念死"修行的具体内容有哪些呢？

首先要时刻想到"必死"，就是任何人都一定会死，寿命只会减少，不会增加。

无论你是总统还是农夫，是富二代还是流浪汉，是美女还是蠢妇，无论是什么样的生命，都会死。

还要时刻想到死期是不确定的，随时可能会死，就像佛祖所说"命在一呼一吸之间"。

要时刻想到死的时候，你无法带走任何东西，更无法留下任何东西，除了你内心的信念。

只要是思考人生，就得先反思死亡。大家可能都有过这样的经历：去火葬场为故去的亲人、朋友、同事送葬，难免的是悲伤的眼泪。可是，与其说是为了死者，不如说是为了命运，为了人类不得已的共同归宿，我们才留下了相同的泪水。

佛祖还是个太子的时候，就因目击死亡而深沉思考人生。在佛祖智慧的时间之环中，死亡不是一个完结的信号，而是一个提升的信号，是走向未来的第一步。在佛祖看来，死，是今生之"劫"的结束，更是"来生"的开始。

既然"死"是下一轮回"生"的开始，与其现在痛苦地活着，为何不快乐一生、布施一生，再去迎接死亡这个有着无限可能性的开始呢？

有这样一个小故事：从前有个百岁老人做寿，亲朋满座，自然有人向他请教长寿之道。老人无法推托，说："我的长寿秘诀就是不知死活。"

什么是"不知死活"？就是既不知生，也不知死的意思。这当然是一种很高的人生境界，小孩子不知有死，于是活得很快乐。一旦明白人是会死的，就会整日不开心，并且这种惶恐，将终生伴随。

佛祖不是像庄子那样帅气地谈"死"，鼓盆而歌，而是平静平淡地面对死亡。佛祖去世前对弟子说：

> 吾年老矣，余命无几，所作已办，今当舍寿……
> 若于我法，无放逸者，能灭苦本，尽生老死。（《长阿含经·游行经》）

这完全就是一个达观者的临终时刻，很日常化。生命，这个时间和空间结合的载体，对佛祖来说已完成了其承载精神的意义。佛法无边，将超越生命，超越死亡，无所不在。佛祖希望的是，人们能抛开心中的生死之思，就是《金刚经》中所说的"破寿者相"，就能自在逍遥地活着。

藉着觉知死亡，可以摆脱对于现世生活的迷恋和执着，从而迈开自我解放的第一步。

生欢死悲之忧，如果不再悬挂心头，那一直烦扰、束缚我们的生死绳结，也就解开了。

幸福的秘密：布施

　　一个富翁，可能无聊空虚得直叹"穷得只剩下钱了"；一个春风得意的人，八面玲珑，却直喊"活得好累"；一个情场高手，整日里依红偎翠，也会叫嚷"烦死了，别理我"！这些人的生活无一例外，都有幸福的环境，却不一定有幸福的感受。

　　很久很久以前有一位国王，也觉得自己不幸福，就派宰相去寻找这一位世界上最幸福的人，让将他幸福的秘密带回来。

　　宰相碰到男人问："你幸福吗？"

　　男人回答："不幸福，我还没有功成名就呢。"

　　宰相碰到女人问："你幸福吗？"

　　女人回答说："不幸福，我没有闭月羞花的美貌。"

　　宰相碰到穷人问："你幸福吗？"

　　穷人回答说："不幸福，我没有钱。"

　　宰相碰到富人问："你幸福吗？"

　　富人回答说："不幸福，我的钱还不够多。"

宰相询问了各种各样的人，但始终没有找到自认为最幸福的人。在返回的路上，一筹莫展的宰相，听到了远处传来的歌声，那歌声中充满了欢乐、活力和激情。于是，宰相赶紧找到了那个唱歌的人。

宰相问："你幸福吗？"

唱歌的人回答："是的，我幸福，我是最幸福的人。"

宰相问："你为什么是最幸福的人呢？"

唱歌的人回答说："我感激父母，感激生命，感激妻子，感激朋友，感激这温暖的阳光，感激这和煦的春风，感激这蓝蓝的天空，感激这广阔的大地。我感激所有的一切，因此我是最幸福的人。"

宰相问："为什么？"唱歌的人回答："因为对能够改变的事情，我竭尽全力，追求美好；对不能改变的事情，我顺其自然，随遇而安。"

宰相发自肺腑地说："你确实就是那个最幸福的人啊！快说出你幸福的秘密吧，国王一定会重赏你的。"

最幸福的人说："如果我有幸福的秘密，那就是我懂得心怀感激并尽力去给予，因为感激才会珍惜，因为珍惜才会满足，因为满足才会幸福，因为幸福，才更愿意去给予他人。给不给我赏赐都无所谓，你还是把幸福的秘密送给国王，送给一切需要幸福的人吧。"

幸福的秘密就是：懂得心怀感激并尽力去给予。

世人往往觉得，获取和占有便是快乐与幸福。获取得越多越快乐，占有越多越幸福。然而，我们往往见不到那些索取的人绽露笑容，而面向山门而坐的弥勒佛，却已安然地快乐和幸福了几千年。那么，便是世人错了！所以佛祖对须菩提，也是对众生说：

　　菩萨于法，应无所住，行于布施。

布施，不是为了爱某一个人，也不是为了尽孝道，或是尽父母的责任。如果是这样，只是私爱而已。真正的布施，是要放下俗世"我"的占有之心、功利之念。无论是财富的诱惑、情感的纠葛、名利的嘉许、忧愁的缠绕、愤怒的挂心，统统都放下，完全无我、无欲地给予和付出，才是真正的布施。

布施有三种：财布施、法布施与无畏施。

向人提供财物，帮人度过生活的难关，叫做财布施。商道中所讲究的"舍得"观念，正好与此相同——只有舍，方能得，只有学会财布施，才能得到富裕；

面对走上歧途的人，能给他讲人生的道理，告诉他正确的世界观与人生观，这也是一种布施，叫做法布施。最大的法布施，就是以各种形式传布《金刚经》。

当一个人生无所恋，已经变得绝望，不想生存之时，我们向他伸出援助之手，帮助他勇敢地面对未来的人生之路，让他走出绝望，这样的付出，便是无畏施。

布施不能挟私情，不能计回报。所谓"百花丛中过，片叶不沾身"。只有不住于"相"的布施，才是真布施。有人虽做了好事，但挟带了功利性的不清净心理，不算真布施。

有人昨天请我吃了一顿饭，今天我要还礼；或者他十几年前帮助过我，现在他有困难我要接济他。这都属于人情上的投桃报李，礼尚往来，不算布施。

为了出名得利、升官发财而施舍，不是真正的布施。

打了人家，骂了人家，自己觉得难为情，然后送东西给他谢罪，不算布施。

还有的人，在关键时刻帮助过人家，好像这个人从此就卖给他了，今后定要人家报答他，这也不是布施。

佛说，这些不净布施，不会得到真正佛道的果报。佛用种子作比喻，布施就好比播种，挟带不纯动机的"垢染布施"，就像种子下到盐碱地里，不会有好的收成。

布施距离我们并不遥远。在佛教所讲的布施中，总有一样我们可以选择：钱财、人生的道理或生活的希望。如果有钱，就施舍给别人钱，没钱可以帮忙鼓劲。

一般人接近佛法，都是为了自己。最低层次的，是把佛祖看成神灵，经常去供奉，也会采取一些"戒"，比如吃素，也会施舍一些钱财，但所有这些，为的是讨佛祖的欢心，希望他保佑自己平安、富贵。较高层次的，是想通过修行，让自己彻底摆脱对于世间现象的执着，达到清净无为的境界。最高层次的，就是佛陀在《金刚经》中所说的，完全不是为了自己，而是为一切众生的解脱而布施。

佛陀最大的布施，是佛法上的布施（法布施），他布施给众生的，是面对命运的勇气和祛除烦恼、痛苦的妙法。只要是存在着的生命，佛陀都希望让他们得到彻底的解脱。

当一个人以纯净的心布施佛法，他的"心"与"意"获得无比的幸福、宁静和欢愉。达赖二世喇嘛根敦嘉措临终时，他的弟子恳求他往生净土后再回到人世，支持他们。根敦嘉措就回答："对我而言，一点也不渴望往生净土，我倒希望转世到污浊的世间，到有众生遭受苦难的地方。"

小到做人，大到治理国家，如果能始终以布施之心待人处世，那生活中就会随处可见美丽的笑容。现代社会常有人埋怨：这世界上再也没有热情，再也没有信仰了！一切都让我厌烦，一切都让我感到疲倦。在这个世风日下的社会，我还能做什么？然而，就在他身旁，树枝上的春芽在悄然吐绿，麻雀的歌唱虽普通却婉转动听。幸福和友爱就在我们身边，只要你伸出热情的手，以布施之心待人生的点点滴滴。

一沙一世界

英国诗人威廉·布莱克(WilliamBlake1757—1827)有首著名的诗曰《天真的预言》,开头四行是这样写的:

To see the world in a grain of sand, And a
heaven in a wild flower;
Hold infinity in the palm of your hand, And
eternity in an hour。

佛学大德弘一法师(李叔同)曾这样把这诗翻译成中文:

一花一世界,一沙一天国。
君掌盛无边,刹那含永劫。

现代诗人梁宗岱(1903—1983)则这样翻译了这首诗:

一颗沙里看出一个世界，一朵野花里一座天堂。

把无限放在你的手掌上，永恒在一刹那里收藏。

我个人更喜欢弘一法师的翻译。他的翻译中有一处故意的错误，就是把英文原文的"一沙一世界，一花一天国"变成了"一花一世界，一沙一天国"。弘一法师故意的犯错，更有佛法的光辉，这和他对佛典的熟悉有关。

《华业经》说：

佛土生五色茎，一花一世界，一叶一如来。

在佛教的经典里，常常借微小以表达一种独特的世界观，认为微小的颗粒中，存活着微妙广大的世界。用现在时髦的话说，就是有一个"小宇宙"。

寻常细微之物，换个角度，却原来孕育着大千世界。

最深刻的佛法，就体现在最简单、浅白的日常对话中。《金刚经》中，佛祖对须菩提说：

"须菩提！如恒河中所有沙数，如是沙等恒河，于意云何？是诸恒河沙宁为多不？"

须菩提言："甚多，世尊！但诸恒河尚多无数，何况其沙。"

恒河是印度的母亲河，也是亚洲的著名大河之一，最宽的地方达二十公里，它的上游在西藏，其源头是一个貌似大象的山口，中途集纳百川。因为它从雪山流下来，就像从天上流下来一样，所以恒河的原意叫"天堂来"。恒河滩上的沙子，细若面粉，难以计数。当然，宇宙中有成千上万条无法计量的"恒河"，所聚集沙子的数量，就可想而知了。

佛祖每遇庞大的数字，总喜欢借恒河沙譬喻。恒河沙数，比喻数量多到像恒河里的沙子那样无法计算。

恒河一粒沙平平常常，可每一粒沙子都蕴涵无穷能量，等待人们去开发，象征每一个平凡人，都有伟大的潜能，具有无限价值。

每个生命都是太阳底下的新事物，以前从未有像它一样的东西，而且永远也不会再有。有一则流传甚广的寓言是这样说的：

海边，暴风雨后的一个早晨，许多卷上岸来的小鱼，被困在浅水洼里，用不了多久就会干死。一个小男孩，拼命地从水洼里捞起一条条小鱼，然后扔回大海。大人对小男孩说：

"孩子，这水洼里面有几千条小鱼，你救不过来的。"

"我知道。"小男孩头也不抬地回答。

"哦？那你为什么还在扔？谁在乎呢？"

"这条鱼在乎！"男孩一边回答，一边拾起一条鱼扔进大海，"这条在乎，这条在乎！还有这一条，这一条……"

寓言展现的是，小男孩纯真、执着、向善的人性之美。这种美，剔除了种种功利主义、现实主义的修饰，所以令人感动。而大人之所以"不在乎"，就是掺杂了后天诸多的杂念：救不过来，每天都有，我无法改变……

是的，每一条鱼，都有自己的生命与世界，所以，在人生的点滴处，请多留一分心：你随手摘掉一朵野花，看似无关紧要，但毁坏的很可能是蜂、蝶的一座天堂。

我觉得，我们不能把佛教当作普通的宗教，更不能把佛教当作迷信来看待，佛教是一种文化，一种让我们善待地球上一花一木、尊重地球上一花一木的文化。

在佛法的世界里，世间万物都是拥有生命的。所谓大千世界，一花一草皆有佛性，一花一草皆为生命，大自然本身就是一个和谐的整体，一个人如何对待生命以外的东西，直接关系到他如何对待生命本身。要学会去珍惜身边的一切事物！

一朵野花，虽然渺小，但对于蜂、蝶来说，却是一个天堂。

只有懂得见微知著的人，才能真正打开自己的世界。佛深知，再美丽的风景，只有用心体悟，才能领略到其中的美。再高妙的佛法，也要经过亲身践行之后才能得道。

佛祖经常传教世人：心若无物，一花也是一世界；心若太满，万物空如。

参透这些，一贫如洗的你，即便握住一粒沙子，也能拥有整个世界。

　　无论自己能力大小，只要做自己能够做到的一切，都能获得自在与幸福。如果你是一条小河，就努力流入大海吧；如果你是一棵小草，就尽情地展示你的绿色吧；如果你是一片浮云，就随风飘荡去看世间美景吧。我们每个人，都是一盏灯，都有一分小小的温暖，可以唤醒人间的欢乐、神圣和美好，化解愁苦与悲凉。

　　一沙一世界。这并不是简单的一句话，而是一个世界，一个需要顿悟的世界。

要八戒更要悟空

　　《西游记》中，当猪八戒被唐僧收为徒弟时，他自己说："师父，我是菩萨已与我摩顶受戒，起了法名，叫做猪悟能也。"三藏笑道："好，好！你师兄叫做悟空，你叫做悟能，其实是我法门中的宗派。"悟能道："师父，我受了菩萨戒行，断了五荤三厌，在我丈人家持斋把素，更不曾动荤。今日见了师父，我开了斋罢。"三藏道："不可，不可！你既是不吃五荤三厌，我再与你起个别名，唤为八戒。"那呆子欢欢喜喜道："谨遵师命。"因此又叫做猪八戒。

　　八戒所说的"五荤三厌"，是佛、道二教混合以后的禁忌。五荤，是指佛教忌食的五种辛辣蔬菜，即大蒜、小蒜、兴渠、慈葱、茗葱；道教把雁、狗、乌龟列为不能吃的三种动物，称作"三厌"。

　　佛教的"八戒"，是为在家的男女信徒制定的八项戒条：一戒杀生，二戒偷盗，三戒淫，四戒妄语，五戒饮酒，六戒着香华，七戒坐卧高广大床，八戒非时食（即正午过后不食）。

对于普通人来说，这"八戒"要一一做到确实很难。我倒觉得，"八戒"对今天的我们是一个很好的提示，提示我们人生有一些事情是不能去做的，例如杀生偷盗、淫欲妄语、饮酒过度、醉心奢华等。

人活世上，总会有这样那样的欲望。人生在世，从某种程度上说，就是欲望得到满足与失落的不断交错，于是人们不知不觉地在欲望的海洋中沉浮着，便有了悲、喜、怒、哀、乐、酸、甜、苦、辣、咸。

有这样一副对联，对人生颇有指导和规诫意义：

> 鸟在笼中，恨关羽不能张飞；
> 人处世上，要八戒更须悟空。

猪八戒一有机会就睡，永远都想着吃，时刻惦记着留在高老庄的媳妇儿。他原本是"天蓬元帅"，只因"酒醉戏嫦娥"，被贬到凡间，又误投为猪胎。他本来就是因为生活作风问题，被打入下界变成猪的，可取经途中，猪八戒仍然一直痴心不改，情色未泯，见到漂亮美眉，总是嘻嘻哈哈地和人家臭贫上几句。更可笑的是，他竟然辛辛苦苦地攒了四两六钱银子，藏在自己那扇大耳朵里，留着啥时候回高老庄花。猪八戒的这些表现，集中体现了人在物质层面的最基本欲求，属于佛家所讲的"色"的层面。

孙悟空代表的，则是人在精神方面的追求，即佛家所说的"空"的范畴。

"悟"是一个过程，而"空"则指的是一种结果。通过多年的修炼，历经九九八十一难，最终要达到的是一种"无我"的境界。

当然，开始的孙悟空，是不具备这样的"空"性的。他脾气暴躁，经不得别人的一点"小话儿"。但到最后，他把这一切都看淡了，如来封他为"佛"，他也只不过拱手说了句"谢谢"。

孙悟空最精彩的"大闹天宫"，起因就是由于好名。由于齐天大圣有名无实，所以他没有成为王母娘娘蟠桃会的座上宾，一气之下，他跑去偷食，索性连太上老君的金丹也偷吃了，更放肆地把蟠桃会的玉液琼浆偷来开"仙酒会"，搞得天庭震动。后来，他被压在西天如来的五指山下五百年，依然不改这俗世的好名之心。所以，在取经路上，他经常想到不要坏了名头。如七十六回，大鹏雕说他不像是万里传名的好汉，是个小辈猴头，专在人肚里做勾当。孙悟空为了顾全名头，只好出来决斗。可见，他对"名"看得很重要。

在佛祖看来，众生之所以陷溺于苦海不能自拔，就是因为执着于尘世诸色，贪恋荣华富贵，至死不悟。悟道成佛，就必须看破红尘，证悟"空"谛。所以，从某种意义上来说，佛学也是"空"学。如果不参悟空谛，纵然读遍佛经，也不能成佛。正是有鉴于此，菩提祖师为孙猴子起了个"悟空"的法名。

西天取经，是一项神圣而伟大的事业，也是观音菩萨特意为孙悟空安排的一番"磨砺心志"之旅，这是孙悟空必经的一个过程。西行路上的磨难，有外在的"邪恶势力"，对此孙悟空凭借大无畏的精神与超强本领，能够顺利驾驭；更大的挑战来自内在，就是与他形影不离的紧箍儿与紧箍咒。它的作用与威力，不止是肉体上的折磨之苦，更是一种精神上的"蜕化之痛"，这就需要孙悟空有超越常人的意志与毅力，接受它的考验。经过十四年的磨砺，历经九九八十一难，孙悟空终于感"悟"到了"空"的真谛，最终成为"斗战胜佛"！

对普通人来说，人生要尽可能"八戒"，但更要学会"悟空"。

有一个禅宗故事，很能启示我们凡人"悟空"：

有人问慧海法师："法师，你可有什么与众不同的地方？"

慧海答道："有。"

"是什么呢？"

慧海回答说："我感觉饿的时候就吃饭，感觉疲倦的时候就睡觉。"

"这算什么与众不同的地方，每个人都是这样的，有什么区别呢？"

慧海答："当然是不一样的！"

"为什么不一样呢？"

慧海说:"他们吃饭时,总是想着别的事情,不专心吃饭;他们睡觉时,也总是做梦,睡不安稳。而我吃饭就是吃饭,什么也不想;我睡觉的时候从来不做梦,所以睡得安稳。这就是我与众不同的地方。"

世人很难做到一心一用,他们在厉害得失中穿梭,囿于浮华的宠辱,产生了"种种思量"和"千般妄想"。他们在生命的表层停留不前,因而迷失了自己,这是他们生命最大的障碍。人活在世上,自然要受到很多条条框框规矩戒律的束缚,身心都要受到纷繁世事的困扰。但在背负这些枷锁之余,却不能让心灵为之所累。

我们"悟空",并非是要去领悟佛学真谛而成佛,而是应该把一切都看得平淡一些,不必汲汲于功名利禄,以免成为欲望的阶下囚。

读了《金刚经》,岂止一个"戒"字了得?关键在于"悟空"!

"色·戒"中间那一点

　　我先来做一个假设：假设一个比范冰冰还美的美女，穿得很性感站在众人面前，大家都会怎么想？

　　如果是一个淫荡的男人，会觉得她很美妙，想象着她香艳的身体，意淫不已。

　　如果是一个长相普通的女人，会嫉妒她，觉得她很讨厌。尽管并不了解这个美女，这普通女人，也会在心里想当然地认为这美女很淫乱，并一定会红颜薄命！

　　如果是一个和尚，会看到美女的各种缺点，透过不净观觉悟。

　　如果是一个Gay（男同性恋者），则会无动于衷，好像只是在看一根电线杆或一个花盆。

　　美女就是那个美女，但在不同的人心里，会有完全不同的反应。

　　如果佛陀看到这个美女，会怎么样呢？

我想了很久，希望能得出一个比较准确的答案。

可以肯定的是，佛陀不会回避这个美女。一个比范冰冰还美的美女走过佛陀的面前，对佛陀来说，实在不是一件什么特别的事情，很平常。一个美女，只是一个美女，没有什么特别的，就像每天都会见到太阳和蓝天一样。这世上有无数的女人和男人，有无数的树木，有无数的花草，有无数的星星，佛陀都看到了，所以不觉得有什么特别。

当然，佛陀也会觉知到她的美，甚至能够体会她的美给世人带来的愉悦。但佛陀更会悲悯地觉知到，她的美在无常之中。比如衰老、比如疾病、比如意外死亡，都可能彻底摧毁她的美。佛陀也知道，她的躯体，不过是血肉之躯，和所有的人都一样。所以，佛陀一定不会沉溺于美女的美，更不会因此而心生烦恼。

张爱玲有个中篇小说叫《色戒》，影响非常大，还被导演李安拍成电影《色·戒》，在国际上引起轰动。

《色·戒》这个名字，最妙就在中间那一点，因为色与戒，就在一念之间！

因为色，戒就分外地凸显出来。

色要不要戒呢？

要的。即使是中国古代的艳情小说，也在大量的色情描写后，警示耽于女色的危害。

张爱玲是女人，从女性的角度，她触及到一个有趣的话题——性与情，色与戒。女大学生王佳芝（汤唯饰）的命运是无可选择的，为了能够暗杀汉奸易先生（梁朝伟饰），她不惜牺牲自己，以色相来作诱饵，抛出去原本是无情的利钩，却在钩住对方的同时，不由自主地自己也上了钩。情和欲，痛和爱，生和死，就这般死死纠缠、较量，而到了最后的一刹那，所有天真的革命理想，单纯的信仰，都比不上对方看向自己的眼神——乱世里，这也是王佳芝唯一能感受到的深情。就是这一念柔情，既成全了她，也最终毁灭了她，她和同伴无一例外地被抛向了死亡的深渊，被自己所救的易先生下令枪毙，在色与戒的矛盾纠结间，一步步走上了爱的不归路。

老实说，作为女人，我不喜欢张爱玲的这篇小说。张爱玲总是强调女人在爱情面前的软弱，这会潜移默化引导许多爱她精灵文字的女孩沉溺于爱情，不能站在爱情之外看人生。

女人也首先是人，只有站在爱情之外看人生，你才能看见更精彩、也更丰富的人生，才会明白：爱情是重要的，但人生繁华、宇宙辽阔，我们女人要真诚面对爱情，但不执迷于爱情。

佛教中的"色即是空、空即是色"，是大家耳熟能详的语词了，即便对佛教完全不了解的人，也能随口说出。但佛教中的这个"色"，不是"色情"，也不是王佳芝所纠结的"情色"，而是指一切有形象和占有空间的物质。

"色即是空"，凡是一切看得见、摸得着，以及听到、嗅到、想到、意识到的事物，都如梦幻泡影，虚而不实。

佛陀抛弃王位，脱掉锦缎华服，舍弃金玉之宝，换成简陋僧衣，托钵四处化缘，把大千世界放在眼前用显微镜审视。在佛陀眼里，王位就像空气中的灰尘，金玉之宝就像扔在地上的瓦砾，华美衣服就像无用的破布，而大千世界就像一粒恒河沙那么渺小。佛陀看破了所有"色"！

色身是父母所生，需要吃饭、睡觉、走路等，有生老病死之忧；得道的菩萨和佛的身体，不是色身，而是法身，是清静离垢妙极之身。佛教认为，人人心中都有个法身慧命，对于修行者来说，需时时谨慎从事，要一辈子管住自己的"身、口、意、业"，这样才能让我们这个臭皮囊（色身），听从于我们心中的那个法身慧命。

可是，这个色身是很麻烦的，经常面临这样那样的诱惑，被欲望驱使，怎么办呢？

两个字：持戒。

由戒生定，由定生慧。用"戒定慧"来约束色身。

色戒是佛教的第一根本大戒。那么情戒呢？

没听说。

有道是"不痴狂，不成佛"。

对于爱情，佛法没有加以否定。事实上，佛教不否定任何东西，而是教你认清一切事物的实相；当你真正体悟到一切事物缘起性空的本来面目，你就知道怎样看待它们了。这是佛法上所讲的"智慧"。

　　佛教的修行，没有要我们放弃爱情，而是要以智慧正视爱情，以健康的态度享有爱情，而不痴迷于爱情。当你失去爱情或是爱的对象时，也能以健康的态度面对，不致失去理性，伤心得死去活来。

　　可能有人会问：爱情是盲目的，哪能保持智慧的爱情？以所谓健康的态度，面对失去的爱情，不是很冷淡无情吗？

　　《金刚经》的修行目标是，心中有爱有情，但没有情执。

　　把爱与情扩大为大爱，也就是"慈悲"，"慈"就是予人快乐，"悲"就是拔人痛苦。

　　学习菩萨救苦救难，广度有情众生的精神，是《金刚经》的灵魂。

　　智慧慈悲的佛教，对于爱情，看似无情却有情！

你不必太执着

　　科学家曾经做过这样一个实验：把花生装在一个玻璃瓶里，放到猴子的面前。猴子立即盯着花生，抓住瓶子乱摇，急切地想把花生拿出来。如果猴子的眼睛只看着花生，就永远无法拿出来。如果它的视线离开花生，从一个广阔的视野去看瓶子，也许它会发现瓶口在哪里，从而找到拿出花生的方法。但是，猴子的眼睛就是牢牢地盯着花生，一直在那里跳来跳去，抓耳挠腮。

　　猴子眼睛只盯住花生的形象，恰恰是我们大部分人的写照。我们活着，往往就是为了眼前的花生在奔波、劳碌。花生本身没有什么不好，它是一种美味，带给我们美食的愉悦。然而，许多人的问题，或者更严重地说，是疾病，在于他们让花生凌驾于自己之上，成为生活的主体，乃至唯一的目标，自己的生命在花生面前，反而萎缩了。

　　人间百态，各种各样的事物包围着我们，引起我们各种各样的欲望，支配着我们的行为。读诵《金刚经》，经常会看见"四相"的说法，就是我相、人相、众生相、寿者相。用现代的观念，可以简单地分为两种：有形的相与无形的相，前者是物质层面的，后者是精神层面的。这两个层面，构成了我们的人生，我们就在人生的种种"相"中喜、怒、哀、乐。

《金刚经》所要告诉我们的是，我们所赖以生活的"相"是虚妄的，必须从层层叠叠的"相"构筑的牢房里解放出来，回到你真正的自己。

亚历山大时代，希腊有个特立独行的哲学家，名叫第欧根尼，他决心像一条狗一样地生活下去，当时的人称他为"犬儒"。他认为，人除了自然的需要必须满足外，其他的任何东西，包括社会生活和文化，都是无足轻重的。世人以为财富、地位是重要的，但第欧根尼却认为，拥有财富和地位的人，只是财富、地位的奴隶而已。据说他住在一个桶里，除此之外，一无所有。

当时，显赫的亚历山大大帝听说他的事儿后，觉得不可思议，便想亲自去探个究竟。亚历山大来到第欧根尼的桶面前，见这位哲人没有什么反应，有些不快。但是，亚历山大还是保持了风度，善意地问他："尊敬的哲学家先生，我们的国土上怎么能够让智慧的学者忍饥挨饿呢？说吧，无论您有什么要求，我都会尽量满足。"

第欧根尼轻轻地抬抬眼皮，懒洋洋地回答说："劳驾你让开一点点，别挡住我的阳光。"

在大批随从的惊愕和窃笑中，亚历山大转过身，平静地对身边人说："假如我不是亚历山大，我一定做第欧根尼。"

"犬儒"第欧根尼对亚历山大大帝的淡漠、对阳光的渴求，最可贵的，还有亚历山大大帝的平静话语，都是佛祖所说的"非相"。

"相"是一切烦恼生起的根本，我爱我的身体，我爱我的服装，我爱我的居住环境，我爱我的地位，我爱我的事业，我爱我的妻子儿女，这些都是"相"。我们的心，时时牵挂这些外在的"相"，患得患失，内心就会出现不安、烦躁、焦虑等心理现象。

有一次，我在一个鉴宝类节目看到，有个人在古玩市场上买了一个青花瓷瓶，价钱还算公道，做工精细。回家以后，他一会儿擦擦，一会儿端在手里看看，喜欢得不得了。有位朋友来了，他把青花瓷瓶拿出来展示，结果被朋友浇了一盆冷水："你受骗了，这个瓷瓶是假的！"等朋友走后，这人再把瓶子端在手里看，觉得原先精细的做工，现在感觉粗陋无比，原先的公道价钱，也变成了低贱不值。他愈想愈气，便拿起瓶子就摔了。这时，又有一个朋友来敲门，他是个收藏家。收藏家捡起了地上的碎片一看，不禁惊呼一声："这可是宝贝啊！"然后把这个瓶子的来龙去脉讲了一遍。这时，那个买瓶子的人，会是一种什么样的心情呢？

在这个过程中，瓶子有贵贱、新旧的变化了吗？

没有。变化的只是这个人自己的感觉，也就是佛陀所说的妄念。

所有痛苦的源头，都是对外在"相"的执着。当我们对一个东西非常执着的时候，就会受制于它。它的任何变化，都会牵动我们的喜怒哀乐；一旦我们对它失去执着以后，它就会变得与我们毫不相干，不再能支配我们的心境，更不会给我们带来任何痛苦。比如爱情，当你对一个人非常执着、非常在乎、感情如胶似漆的时候，那个人的一颦一笑，都会牵动你的心。稍有不遂，便会生不如死。可当有一天两人分手、形同陌路、根本没有感情的时候，无论他/她的什么事，都不会对你产生影响，更不会让你痛不欲生。如果死抱着强烈的执着不放，就一定会产生极大的伤害与痛苦。这个伤害与痛苦，将远远超过它当初给我们带来的幸福。

佛陀所说的不执着于相，在我看来，用"解放"这个词来形容，也许是最贴切的。

从哪儿解放出来呢？

从我们所执着的"相"，以及所执着的观念中解放出来。

《金刚经》讲空，讲非相，无非是让人看清存在的真相，从而达臻自由的境界。比如，我们每一个人都会认为自己看到的是对的，然后执着自己所看到的，排斥别人，攻击别人，不肯舍弃自己狭隘的观念。夫妻之间何以会吵架？因为看法不同。

上司和下属何以会争执？因为看法不同。由于强烈的执着，彼此之间会产生很多不必要的争执——这就是我们烦恼的根本。所以，与自己看法不同的人，我们应该宽恕与包容，多站在对方的立场上想问题，然后理智和冷静地思考，寻找一个让双方都尽量满意的结果。那么，我们的烦恼必然会大为减少，心魔也就无从产生了。

佛陀在《金刚经》里所启示的生活，是超越了手段、也超越了目的的生活。你可以有各种各样的愿望，比如你想买一套房子，比如你想参加《中国好声音》成为一个歌星，比如你想读博士成为一个著名学者，等等。佛陀并没有要求你抛弃这些目标，你可以有这些目标，但是，佛陀所启示的是，这些目标，只是生活的过程，而不是束缚。在达到目标之前，你要努力。然而，你的努力，不是一种煎熬，而是一种活着，一种生命的展开。在那个所谓的目标，比如买下那套房子之前，你也应该在每个当下，享受生命的喜乐。

佛陀所要告诉我们的是：真正的目标只有一个——当下的自在。

在每一个当下享受生命，这才是完整的人生、本色的人生、真正的人生。

如来即如去

《西游记》中最法力无边、天下无敌的是谁？

不是齐天大圣孙悟空，不是三只眼的二郎神，而是我佛如来，也就是我们的佛祖释迦牟尼。

如来是佛的十大称号之一。《地藏菩萨本愿经》中的应供、正遍知、明行足、善逝、世间解、无上士、调御丈夫、天人师、佛、世尊等十个称号，指的都是佛祖释迦牟尼。

"如来"除了是佛的称号，还有什么具体的含义呢？

古人翻译佛经时，其中深奥难解、无法翻译的词，就直接音译。"如来"就非常难懂，汉语中没有可以直接对应的词，很难准确的把握，只好音译。

还是在《金刚经》中，佛祖自己对"如来"下了一个定义：

无所从来，亦无所去，故名如来！

无来亦无去，换句话说，如来也就是如去。翻译成现代汉语，就是"我们的本性在我们面前的显示"。

既然如来就是佛，因此不存在"如来佛"这个称号。中国人搞混了，经常把他们连起来，所以我们常常听到如来佛的称法。

怎样才能早日见到如来，度自己到彼岸呢？

《金刚经》中，佛祖以反例入手，告诉了我们答案：

若以色见我，以音声求我，是人行邪道，不能见如来。

佛祖外在的"相"非常完美——肉身的释迦牟尼，生于古印度，是个王子。他容貌伟岸，是个美男子。再加上多年的修心养性，通透事物，在气质上非同凡响。很多人学佛，是冲着佛的完美身相去的，希望自己也能修一个。

《金刚经》中，佛与须菩提对话的记录者阿难，是佛的十大弟子之一，也曾是个王子，而且还是个著名学者。佛祖所言说的经典，都是阿难做的记录。阿难抛弃俗世繁华，追随佛祖，就是因为看到佛祖那么漂亮，有那么完美的外表、那么出众的风度，才决定出家的。被佛祖知道后，把他狠狠地斥骂了一顿。

其实，佛的本性是如来，"色"和"音"，都是外在的"相"，是虚妄的"邪道"。只有抛弃外在的"相"，才能见到佛。

有一次，佛祖忽然外出，所有的弟子到处寻找，都不知道佛祖的去处。后来，天眼第一的阿那律，以天眼观察，知道佛祖去为圣母摩耶夫人说法，大概要三个月的时间才能回来。阿那律把这个消息了告诉大家，大家都非常思念佛祖。三个月很快过去，佛祖就要回来了，弟子们都争先恐后出去迎接。这时，须菩提正在缝衣服，他本想放下手中的衣服前去迎接，忽然心中一动，又回到自己原来的位置，心中想道："佛祖的真身，不是在眼、耳、鼻、舌、身、意上可见。要想见到佛祖，就要明白所有的一切都是空寂的，知道森罗万象的诸法是无我的。没有我，也没有人；没有作，也没有所作。我已体证到诸法的空理，不应该为事相所迷。我现在去迎接佛祖，就见不到佛祖的法身。"须菩提有了这样的认识，就安然地坐下来继续缝补衣服。

在众比丘尼中，有一位神足第一的莲华色，第一个抢先迎接佛祖，她对佛祖一边膜拜，一边说道："佛祖！弟子莲华色第一个先来迎接您的圣驾。"佛祖微笑着慈和地说："莲华色！你不是第一位来迎接我的人！"莲华色非常惊奇，看看左右，以怀疑的口吻问道："佛祖！弟子敢问，在莲华色之前，是谁已迎接到佛祖呢？"佛祖笑着，看看很多弟子都赶上来，像是回答莲华色，又像是告诉大家道："你们很好，很远地赶来迎接我，但是第一个迎接我的是须菩提。须菩提此时已体察到了万物的空性。见佛法的人，才是第一个迎接我的人。"

有智慧的人，随时随处见得到佛；没有智慧的愚人，仅把如来的肉体、形貌、音容当作是如来，那就是认错了对象，走错了路，当然也无法见到佛了。

绝大多数生活在这个世界上的人，都是普通人。在所有普通人心中，都有着类似的三种烦恼——贪图心、嗔恨心与无明。用佛教的语言来讲，这叫"三毒"。

有了三毒烦恼以后，我们的心就会失去自由，当烦恼发展到一定程度的时候，就会大动肝火、怒不可遏，伤害自己与周边的亲朋好友，甚至还会给社会造成危害。怎么样去控制、断除这些烦恼呢？

佛教有很多方法，其中的一部分，来源于佛教的理念。"如来"这个理念，就是断除烦恼的法宝。

打个比方，你买了一枚钻戒，要送给你的所爱当定情信物。这枚钻戒，承载了你对她全部的爱，你们之间的情感赋予钻戒无数魅力，令你珍惜不已。

如果抛却情感因素，我们再来看钻戒呢？

用肉眼与显微镜去看同一枚钻戒，结果是不一样的。用肉眼去看钻戒，再专注、再认真，也只能看到一个静止的物体；但如果用显微镜去看同一个钻戒，钻戒就会随着显微镜的放大倍数，逐渐变成分子、原子、原子核、电子等一系列微尘，而且每个微尘都在不停地运转。也就是说，看似静止的钻戒，并非静止。钻戒不可能同时既是静止的又是运动的，那其中哪一个结论准确、符合事实呢？

当然，相对而言，显微镜下看到的景象，才是钻戒的本质，是真实的。肉眼看到的静止物，是不真实、不符合实际的现象，而这不符合实际的现象，还被你赋予了浓情蜜意，佛教称这种幻觉或幻相，为世俗谛。

我们今天就活在一个虚幻的世界当中。

这个虚幻的世界非常真实，我们如果不用心去观察，就会觉得一切都很真实。但如果有一天，我们开始怀疑自己的感官，并认真地用心辨识，才会敏锐地洞识到：原来自己一直活在一个虚幻的世界当中！

那我们知道了这个世界虚幻的真相之后呢？

知道世界的虚幻本质以后，希望能够减少自己对这个世界的强烈执着。

我们不要认为，所有的痛苦，都是外在因素造成的。其实，这都是我们自己的内心在作怪，是它在制造痛苦。

"如来"，"无所从来，亦无所去"的理念，给我们带来的是智慧、慈悲，以及爱心。拥有慈悲、智慧与爱心以后，就能更准确地看待金钱、感情、婚姻与世界，进而，证悟！

我那位笃信佛教的居士朋友，见我去图书馆借《金刚经》，不由地为我担忧。我们常常会在电梯间或校园路上遇到，他在图书馆见我借《金刚经》后的一个月，以为我已经放弃了写《金刚经》解读这个奇怪的想法，那时我已经写了十几篇解读文字了。他来电话问："你真的要写《金刚经》的解读吗?别写了,你这样追求功名、拖累于责任的儒家弟子,怎么能解佛陀的智慧通达?"

我说:我是红尘中的人,读了《金刚经》,我还会继续是红尘中人。但此红尘非彼红尘,读了《金刚经》,用如来法眼去看红尘,岂不是红尘之中的快意人?!

当头一棒

　　唐朝的德山宣鉴法师,是一位得道高僧,信徒很多。有一次,一位信徒听德山宣鉴布道时心有疑惑,举手提问,却冷不丁被德山宣鉴法师打了一棒子。

　　这位信徒问:"师傅,您为什么要打我?"

　　德山宣鉴说:"因为你问我。"

　　第二天,这位信徒吸取教训,不再提问了,没想到的是,德山宣鉴法师又打了他一棒子。

　　信徒急了,问:"师傅,我不问,您为何又要打我?"

　　德山宣鉴说:"因为你不问。"

　　这就是佛教史上著名的"道得也三十棒,道不得也三十棒"。意思是说,你开口问要挨打,不开口问也要挨打。

　　德山宣鉴认为,要实现了悟佛法的目的,必须抛弃头脑中固有的杂念。一棒打去,就是要打掉你心中的杂念。你开口问,说明你有杂念,你闷着头故意不问,也证明你心中有杂念。

只有认识到"空",也就是"非相",才能真正了解这个世界的本质。

文字的叠加,观念的束缚,使得我们离真实的世界越来越远,语词、概念,以及与此相关的文化包围着我们。

走近佛陀、自我解放的第一步,就是对任何语词都要有一个质疑的态度。

比如,当你开口说"我爱你",你要问自己,"我爱你"的真谛是什么?不要停留在词语、观念上面,不要执着于这句话所流露出来的美丽感觉上。而是要回到那个具体的事物上,然后,那个具体的事物就会向你敞开,你也会向那个具体的事物敞开,不需要语言、文字。

也就是说:你不必对你的所爱说"我爱你"!

这样说,似乎还是有点形而上,具体一点,比如手机,最新款的iphone,你上周买的,特别喜欢。你正拿着它打电话,这是你的。你清楚它的每个细节,它是实实在在的,佛祖怎么说它是"空"的呢?

佛陀所说的空,并非不存在。那部手机,确实在那里,而且,此刻它确实属于你。佛陀要告诉我们的是,广告、导购小姐的介绍以及iphone的外形、镶钻的装饰外壳,构成了一个影像,赋予了这部手机许多附加的品质,比如高级、比如先进等等,会唤起我们许多想象和愿望,以为拥有了这部手机,就可以达到什么生活状态。这是一个幻觉!

这部手机之所以成为你的手机，是许多因素造成的。手机不可能自己成为自己，需要技术，需要工人，需要各种各样的条件相互配合，当因缘具足的时候，才能生产出这部手机。然后又需要其他的种种因缘，才可能被你买到，成为你的手机。只要某个因素改变了，这部手机，以及它与你的关系，就会改变。

这部手机此刻确实是属于你的手机。但是，在接下来的每分每秒，它的零件都在老化。还充满着许多不确定性，比如技术上落伍被淘汰，比如你不小心把它从手中滑落、摔坏了，都可能改变目前的状态。目前的状态，并不是一个常态，实际的情况是无常。

这部手机存在于无常之中！

无论外在的装饰和广告里的文字、画面如何渲染，这部手机实际上只是一部手机而已。如果你沉迷于那种幻觉，你注定要失望。所以，你必须学习在享受这种幻觉的同时，把这部手机只是看成一部手机，没有什么附加的东西。

这样的解说好像文字游戏，然而，佛陀却很认真地告诉我们：这才是真相。因为，这样的游戏，揭示了我们所追求、所迷恋的事物，其实非常空洞，非常不可靠，我们在拥有、享受的同时，必须摒弃对它们的执着。如果我们执着，就注定失败或迷惘。

一念之间，包含了八万四千个烦恼，这就是我们的人生。佛教经常拿流水来比喻人的心境：我们的思想、情感，归纳起来，就是感觉与知觉，它们像流水一样，永远在流，不断地流，所谓"黄河之水天上来，奔流到海不复回"。一个有大智慧、大气魄的人，自己的思想、妄念，立刻可以切断，就像大象渡河一般，连弯都懒得转，便在湍急的河水之中，截流而过。

现实生活中，每一个人都有悲欢离合，尤其像一见钟情、金榜题名、邂逅美人、一次放松的旅行、难得的他乡遇故知等等激荡人心的情感，这些都是刻骨铭心的。学佛不是禁欲，《金刚经》不否认众生世间的欢愉，它要告诉大家的是：过分执着会适得其反，巅峰再走一步就是万丈深渊，深爱转瞬成大恨，拥有片刻可能就会失去。

佛经上常常以昙花来说法。昙花一现，色香俱佳，美不可言。当昙花开到最香的时候，就是它凋落的时候。

站在宇宙看人类的历史，几千万、上亿年的时间，也只是昙花一现。人生一世，不过百年，回头一看，几十年也像昙花绽放，当时是"有"；绽放之后马上衰落，又是"空"了。

"空"了是没有吗？

不是没有！

佛陀所昭示的"空"，并非消极的逃避，而是对于真相的勇敢承担，从而在不可靠的存在里，找到可靠的、不变的东西。

佛陀所说的"非相"，就是打在我们头上的一棒。

你领悟了吗？

缘定三生

　　《红楼梦》中，宝玉和黛玉初见时，宝玉脱口而出：这个妹妹好似哪里见过的。黛玉也对宝玉有似曾相识之感。文中这样解释了他们初次相识的这种"奇怪"感觉。贾宝玉前世是太虚幻境里赤瑕宫的神瑛侍者，林黛玉是三生石畔一株绛珠仙草，神瑛侍者每天以甘露浇灌，绛珠仙草便得久延岁月，后来才修炼成了女体。因为神瑛侍者凡心偶炽，要下凡，绛珠仙子便陪他下凡为人，用一生所有的泪水，偿还他的甘露之惠。这就是他们之间的"木石前盟"。

　　很多人的爱情，都是从这种似曾相识的感觉开始的；而相爱之后，人们又常常会期待"缘定三生"。

　　"缘定三生"之说，源于佛教的因果轮回。佛教将时间分为包罗万象的过去、现在和将来三世，一切众生在此三世中轮回往复。每一个生命都有前生、今生、来世"三生"。

　　有趣的是，"缘定三生"最早讲的，是两个男人之间的深厚友谊，而非男女之情，故事大致如此：

唐时洛阳名士李源，学富五车。安史之乱时，他的父亲李橙死于乱军之手。李源悲痛万分，又见世事纷扰，遂绝意仕途，发愿为父守孝，至死一不为官、二不娶妻，到惠林寺隐居起来。渐渐地，李源发现寺中僧人圆泽颇有文才，为人纯正，所以结为莫逆之交。有一次，两人同游峨嵋山。李源想从荆州沿三峡到峨嵋山，圆泽则认为从首都长安过去更为方便。李源坚决不同意，说："我已下决心谢绝人世，更无追求仕途的欲望，岂可再提到什么京师长安呢！"

圆泽沉默良久，说："行止本不由人定，那就随你所愿吧。"于是两人从荆州入四川，路过南浦这个地方时，他们看见一位妇女，背负瓦瓮在汲泉水。只见她穿着旧衣，身怀六甲的样子，圆泽平静地对李源说："她就是我要托身转世的所在。"

李源不明白圆泽的话，问："你说什么？"

圆泽说："这位妇人姓王，我本该成为她的儿子，她已经怀孕三年了，因为我迟迟不来投胎，所以她一直做不了母亲。今天既然遇上了，看来已无法躲避。"

圆泽香汤沐浴后，对李源说："我与你交往深厚，彼此知心，今天大限已到，就此别过。三天之后，你要到我投身的家里来，那时正在为新生儿沐浴。新生儿就是我的再生，我那时将以笑为验。还有请你记住，十三年后，我们还会在杭州灵隐的三生石前相见。"

李源知道圆泽所说非妄，心生悲戚，不得不与圆泽诀别。圆泽说罢，趺跏坐化了。那边厢，王姓妇人生下了儿子。三日后，李源依嘱到圆泽投胎的家里看他，果然，那小儿正被沐浴着，见李源来，冲着他咧开嘴笑起来。

自从圆泽转世后，李源无心去峨嵋山，返回惠林寺隐居。日升月落之间，十三个春秋过去了。李源不忘旧约，前往杭州。在灵隐天竺道上，李源无心赏景，边走边想：圆泽真能践约吗？走到三生石前，正在寻思间，只听有人在隐隐约约地叫喊他："李源，李源！"

李源循声望去，只见涧水对岸，有一牧童，梳着菱髻，骑在牛背上，正挥手喊他。李源仔细一看，发现这牧童形貌酷似前世的圆泽，便知是圆泽来赴约了。就听牧童对着李源，唱了一首竹枝词：

三生石上旧精魂，赏月吟风不用论。
惭愧故人远相访，此身虽异性常存。

李源一时间百感交集，晃似前世的圆泽朝他走来，他问："你身体好吗？"圆泽笑着说："李公，你是个守信用的人！可惜你的尘缘未了，我们无法再续前缘了，请你继续勤加苦修。"说罢，牧童拂袖隐入烟霞而去。

"三生石"的故事,说的是两个男人之间的深厚友谊与隔世之约。后来,因为三生相见之缘,"三生石"逐渐变成了情人间的盟誓证物了。传说恋人拜三拜三生石,就能结三生之缘。一对有情人,站在"三生石"前,定会许下三生盟誓:"执子之手,生生世世。"

缘定三生的美好期许,言说了佛祖的时间观:时间是一种永不停止的相续。现在立即成为过去,而过去,也曾经是未来。每一个时间的点,都在一个流动不已、周而复始的循环里。

在我们成长的过程里,很长时间不能面对死亡,要么非常恐惧,要么觉得离自己非常遥远,是别人的事情。我在二十二岁的时候,因大学同寝室友患白血病去世,真切地感受到死亡与自己是如此紧密。我的室友还没有来得及恋爱,更没来得及参加工作、孝敬父母,就这样匆匆离开了人世。刚刚听到她离去的噩耗时,我泪水滂沱。那种震撼,超过了一切的理论与说教,形成一种巨大的压力,驱使我去思考——什么是死亡?生命的意义又是什么?

这样的提问,本身就是一种心灵的成长。二十二岁的我因为这提问、这反思,而一夜成长。

对于死亡的觉知、思考,并不是悲观的终结,而是新的无限的开始。开始更明了人生的存在意义——存在本身就是意义。

因着这种思考,生命变得圆满,不再单纯是悲观的或乐观的。这种心理体验,有点像失恋。刚刚失恋的时候,会非常悲伤，但同时渐渐地发现，在我们所爱恋的对象之外，有更广大的天地，发现自己因为爱恋那个对象，而遗忘了更广大的欢乐。于是，失恋变成了一种解放。

佛陀发现了生命轮回的秘密，每一生只是一个阶段、一个刹那。之前，有无数的前生；之后，有无数的转世。悟道者所觉知到的时间，不是一个孤立的点，而是一个流动着的、无限的整体。"缘定三生"这个否定了死亡的佛教理念，是对我们心灵的一种解放，让我们从现世生活的一地鸡毛里解放出来，进入一个无限广阔的境地。

佛祖的时间观，解放了凡人的生欢死悲之苦，给了相知相爱的人永远延续情感的信心。"缘定三生"，不仅是人们对爱情的美好向往，也是对爱情的一种坚定信仰。

台湾女诗人席慕蓉的《回眸》一诗，浓情呓语了佛教的因果轮回：

佛说：
前世的五百次回眸，才能换得今生的一次擦肩而过，
那么，
我要用多少次回眸，才能真正住进你的心中？

我们现在的每一刻，我们所做的每一件事，都是未来福德的累积。

所以，如果你期许与你的所爱缘定三生，那么，就请把握好现在。

病痛是人生的良药

有位朋友从政，上进心极强，在同事和老同学们看来，他各方面都"混"得不错，但他却总是对自己不满意，总觉得自己资历老，付出多，应该更上一层楼。

前不久，这个朋友大病一场。病愈之后，再也不抱怨什么了，所谈都是生命之宝贵、健康之重要。他说，人在病中与平时想的完全不一样。生病期间，想到过许多先前根本没有想过的事情。先前以为很要紧、很了不起的事情，在病中想来，其实都是微不足道的。从那以后，朋友再聚时，再也听不到他抱怨了，他对自己的状态很满意。

人生了病要吃药，反过来讲，疾病也是一服药，对人的心理健康大有裨益。朋友现身说法，身病医好了他的一些心病。

我也有过抱病在床的经历。二十六岁时，我因为意外伤害，卧病在床四个月，无奈地躺在病床上，看着别人大口吃饭、大步行走、大声说笑，十分羡慕，仿佛自己从来不曾那样幸福、快乐过。而且暗自担心，因为这次意外，自己是否还能健康行走。那一刻，心中暗自祈祷，自己痊愈之后，一定要尽情享受开怀吃饭、随意走路的幸福，一定要好好欣赏那天上的流云、地上的草木。那一刻才明白，其实人有很多东西都是奢求，能降生到这个世界上并能健康地生活，就已经是上苍给予的最大恩赐了。

只因明了生命随时可能消失，病愈后我愈发勤奋读书。

我常常想，如果我因意外二十六岁时死去，是否会有遗憾？

有。

我还没有回馈身边的亲人，我还没有尽最大的努力做最好的自己。

二十七岁时，我考取了博士研究生；同年，生下了我的儿子。我每天都在努力生活，积极进取，力量的来源，就是卧病时的思考。

我的书架上，一直放着《向死而生》这本书。它是日本人北野武在严重车祸、生命垂危时极致思索的产物。北野武在事故发生到疗养期间，将自己的点滴心迹，赤裸地加以剖白，重新检视生存的意蕴，他不断诘问："人究竟为什么而活？"不断严酷的自我"哲学"拷问，终于使他探寻、领悟了自己的生死观。这也促使了他，不仅大难不死，而且大有成就，成为杰出的导演与伟大的艺术家，先后获得了威尼斯电影节首次设立的"导演万岁大奖"和莫斯科国际电影节的"特别功勋奖"。

《射雕英雄传》中，有郭靖与成吉思汗的一次经典对白，很耐人寻味：

> （郭靖）当下昂然说道："大汗，你养我教我，逼死我母，这些私人恩怨，此刻也不必说了。我只想问你一句：人死之后，葬在地下，占得多少土地？"成吉思汗一怔，马鞭打个圈儿，道："那也不过这般大小。"郭靖道："是啊，那你杀这么多人，流这么多血，占了这么多国土，到头来又有何用？"成吉思汗默然不语。郭靖又道："自来英雄而为当世钦仰、后人追慕，必是为民造福、爱护百姓之人。以我之见，杀的人多却未必算是英雄。"成吉思汗道："难道我一生就没做过什么好事？"郭靖道："好事自然是有，而且也很大，只是你南征西伐，积尸如山，那功罪是非，可就难说得很了！"
>
> 郭靖生性戇直，心中想到什么就说什么。成吉思汗一生自负，此际被他这么一顿数说，竟然难以辩驳，回首前尘，勒马回顾，不禁茫然若失，过了半晌，哇的一声，一大口鲜血喷在地下。

想到人生的归途、一生建功立业与死后所得的差距，成吉思汗这样的英雄豪杰，也不由恻然、心痛。

权力、金钱、容貌，可能会获得，也可能会丧失，总是在变易之中。只有死亡，绝对平等，是每个人必须接受的。统一中国、不可一世的秦始皇，最终也没能筑就他生命的长城，抱憾以终；一代枭雄曹操，面对生命的流逝，也只有徒然地悲唱"对酒当歌，人生几何？譬如朝露，去日苦多。慨当以慷，忧思难忘。何以解忧，唯有杜康"。

有个经历让我很感慨：有一次在飞机上，同一位海外归来的乘客聊了起来。他上世纪八十年代初就出国了，经常回国看看。近来觉得越来越不能理解今天的中国人，为什么都活得这么匆匆忙忙，都把身外之物看得如此之重。即使是生了病，出现了明显的临床症状，也不轻易退让！美其名曰："轻伤不下火线！"其实，本质只是为了追逐"名"与"利"，似乎这些就是他们活着的全部！反而忽略了生命与生活的其他意义。

如果一个人欲望太多，总不能满足，对功名利禄太痴迷，身陷其中而无法自拔，最好的药方，就是让这个人大病一场，与死神对话一次，让他有时间、有心情去想一些功名利禄以外的事情，让他体验一回失掉健康、身不由己的感觉。他就会明白佛陀所说"空"的真意了，正所谓"生死场中走一遭，胜似修道三十年"。

物质无穷，而人所能享有的十分有限。如果我们背负名利的包袱，不停地为自己描绘着自以为快乐却并不快乐的蓝图。这样为了身外的利益，而失去生命和生命中其他重要的东西，不是太不值得了吗？

人生的乐趣，并不来自名利，而来自用单纯、坦然、无私的心，来看世界的热忱。

《金刚经》中说：

　　一切有为法，如梦幻泡影。如露亦如电，应作如是观。

"无常"，是佛教的真理之一。然而，一般人因为不了解无常的真义，因而心生排拒，甚至感到害怕。其实，无常并不可怕，只要对无常有正确的认识就会知道：因为无常，才有希望；因为无常，才有未来。

生命是美好的，它对于任何人都是公平的，给予你的只有一次。病痛就像是生命的调味剂，让人最大程度地挖掘自身的潜能，成为生活的强者。

病痛有时也是一种财富，一种精神财富。当你在痛苦的缝隙里，找到阳光和快乐，你就会长成挺立在天地间的一株参天大树，让生命的阳光，还有空气，撒满和充溢在你整个生命的旅程，将一切磨难，都看作是对有声有色的人生新的赐予。

须菩提的眼泪

无论是执着于功名利禄，还是执着于学佛，都是"住于相"。当你看破这些"相"，会在心里泛起空阔的惊喜。须菩提悟到了"离相寂灭"的道理，禁不住感动得流下泪来。《金刚经》中记录如下：

> 尔时，须菩提闻说是经，深解义趣，涕泪悲泣。

须菩提"深解义趣"之后，涕泪悲泣。他为什么哭呢？

很多人都有这样的经历：你一直追求的，始终没有追求到的，忽然不经意间追求到了，你会莫名地哭起来。这哭是"得无上"智慧的欢喜，也是一种慈悲心的流露。

2003年，我因为偶然听到佛教音乐潸然落泪。但自那以后，我并未涉猎任何佛教典籍。所以，2012年，写这本书时，我对博大精深的佛法，完全是混沌的。我按照一个学者的学术精读标准，一字一句体悟《金刚经》。某一句或某一词触动了我，我就去阅读许多相关的佛教或哲学书籍，再或是古诗词，也可能是宗教学的学术论文。《金刚经》对我的触动特别大，所以我读得也就特别慢。《金刚经》只说了一句："一时，佛在舍卫国祇树给孤独园，与大比丘众千二百五十人俱。"我就写了开篇的五篇文章。所以书写到一半时，我还没有完整地读过一遍《金刚经》。

一天夜里，我决心效法古人读《金刚经》的方式，自己抄写一遍。那时，夜阑人寂，我找出一张大大的A3纸，想在一张纸上完整地抄写下《金刚经》。抄写的过程，我的心不断被充盈，又不断被放空。大约抄写到一半出时，我的心已经承受不了这样的激荡，泪流不止。

我的悲泣，与须菩提的悲泣一样，已经推开了"离相寂灭"的门。

古人云：一失足成千古恨，再回首已百年身。一念入定，涅槃一悟，是学佛的人千辛万苦所希望求得的。但是一般人由于不了解涅槃的意义，对涅槃生出种种的误解。例如我们常常看到挽联上写着"得大涅槃"，或者听人家说："气得一佛出世，二佛涅槃"，都把涅槃当作了死亡的意思。如果涅槃是死亡的话，那么我们辛苦学佛，求证涅槃，只不过为了追求死亡，岂不是太荒谬可笑了吗？

涅槃不是死亡，而是与死亡截然不同的超脱境界。

其实，在生活中，很多时候，我们都如那小小的蚕儿，经常陷于一种生存的窒息状态，或是处于绝望的境地。如果我们能用心去咬破自己构筑的外壳，尽管这一过程会很痛苦，但于生命的重生，它又实在是一种必须。所以破茧成蝶，是人生的一种境界。能够破茧成蝶，就会获得生命的欢愉和快慰。

如何破茧成蝶，悟无上佛法？

《金刚经》中，佛与须菩提有一段经典对话：

> "须菩提！于意云何？如来有肉眼不？"
>
> "如是，世尊！如来有肉眼。"
>
> "须菩提！于意云何？如来有天眼不？"
>
> "如是，世尊！如来有天眼。"
>
> "须菩提！于意云何？如来有慧眼不？"
>
> "如是，世尊！如来有慧眼。"
>
> "须菩提！于意云何？如来有法眼不？"
>
> "如是，世尊！如来有法眼。"
>
> "须菩提！于意云何？如来有佛眼不？"
>
> "如是，世尊！如来有佛眼。"

世间的有形事物，需要借助眼睛来分辨；无形的事理，则需要心灵的观察、头脑的分析。这两种看的能力，都是眼。佛眼看世间，比这两种"看"更丰富，用"五眼"通达万物万理。他既能看见万物的"有"，更明了万物的"空"；既有看透一切的觉悟，也懂得红尘的种种美好。

佛眼不仅平等观众生，更具有的是慈悲心。慈是来自于父亲的爱，悲则是来自母亲的爱，慈悲就是父母所共性的、无条件的至爱了。在佛看来，一切众生都非常可怜，生生烦恼，痛苦不断，很是应该怜惜的。

幸福的人生，不在于追求什么，只需你看清自己的内心世界，知道自己真正的方向所在。

有个寓言故事这样说：

一只公鸡在原野上寻找食物，它找到了一颗钻石，生气地说："我要这个硬邦邦、圆溜溜的东西有什么用啊，宁愿要一粒玉米！"难道是珍珠不好吗？

不是！而是珍珠并非公鸡想要的东西。

越来越喧嚣的世界，压力无时不在，我们要面对许多。尤其是不惑之年的我们，扶老又携幼，常常是重担集于一肩。当你偶尔独坐镜前，是不是能够重新审视自己，真正认识自己的内心？

其实，日常生活的点点滴滴，都是我们修行心性的道场。比如说养花，都市的空间狭小封闭，人的内心里深藏着与天地共鸣的天性，受到极度的压抑，于是，我们喜欢在阳台上养盆花、种盆草，和植物亲近。在种植花草过程中，我们慢慢修炼植物气质，也让自己长成一株安静从容、自得其乐、独立顽强、顺应自然、芬芳美丽的"植物"人。

当一天和尚敲一天钟，敲钟是一个和尚的必修课。但看似简单又平常的敲钟，却也深藏着佛心。

唐朝的奕尚法师，是一位得道高僧。一天，他在寺院听到阵阵悠扬的钟声，立刻被那种与众不同的钟声吸引了，他仔细聆听，神态极其专注。钟声停了以后，他向侍者询问道："今天早上敲钟的人是谁？"

侍者回答道："他是新来的，才来没几天。"

奕尚法师说："你去把他找来，我有话要问他。"

那个新来的小和尚来了，奕尚法师问道："今天早上你敲钟的时候，是什么样的心情呢？"

小和尚回答道："没有什么特别的心情，只为敲钟而敲钟而已。"

奕尚法师道："我看不是这样的，敲钟的时候，你一定是想着什么，否则，你不会敲出这样的钟声的。我仔细听过了，今天的钟声格外响亮，只有真心向佛的人，才能敲出这样的声音。"

小和尚想了想，然后说道："我没有刻意要想着什么，在我还没有出家以前，我的老师告诉我说：'做什么事都要用心，打钟的时候，想到的只能是钟。因为钟即是佛，只有虔诚、斋戒、敬钟如佛，才配去敲钟。'"

奕尚法师面露喜色，提醒他道："敲钟是这样的，做任何事也要这样。要保持今天早上敲钟的禅心，以后你的前途一定不可限量。"

这位小和尚，从此事事恭谨，无论做什么事，都牢记法师的教诲，保持敲钟的心，终于取得了巨大的成就，他就是后来的悟由法师。

悟由法师敲钟的事告诉我们：凡夫跟佛很近，是一张纸都不隔的。只要自己的心性见到了、清楚了，此心就无比的清净。见到佛，未必要哭，也可能是莞尔一笑！

佛祖什么都没说

公元前2世纪，印度西北部被一位希腊籍的国王统治，他的名字叫弥兰陀王。这位国王具有希腊人的聪明及理智，在他看来，在印度，简直找不到一位贤哲是能够跟他谈话的对手。可是，他的大臣向他禀告说，有一位佛教高僧很有智慧，辩才无碍。

国王很高兴地找到那位高僧，问他："你叫什么名字？"

高僧答说："父母亲给我取一个名字叫那先，于是，大家都叫我那先了。有时，父母也叫我惟无，有时叫我首罗先，有时叫我惟迦无，大家也就靠这些名字来认识我。其实，世间的众生，只不过是名字罢了。"

国王问："那么，什么才是那先呢？头是那先吗？"

那先回答："头不是那先。"

国王问："眼睛、耳朵、鼻子和嘴巴，是那先吗？"

那先回答："眼睛、耳朵、鼻子和嘴巴，也不是那先。"

国王问："脖子、肩膀、肘、脚、手是那先吗？"

那先回答："那些也不是那先。"

国王问："苦乐是那先吗？"

那先回答："不是那先。"

国王问："善恶是那先吗？"

那先回答："不是那先。"

国王问："身体是那先吗？"

那先回答："不是那先。"

国王问："声音、呼吸是那先吗？"

那先回答："不是那先。"

国王问："那么，什么才是那先呢？"

那先留下一句话："世人只是名字罢了。"（节选自巴利文佛经《弥兰陀王所问经》，汉译为《那先比丘经》）

在西方哲学中，语言是创立世界的魔法，《圣经·创世记》中，世界就是被上帝"说"出来的存在——"神说，要有光，就有了光"。是语言，使西方人眼中的"世界"，从混沌走向清晰。而"沉默"、"无言"于东方哲学，似乎具有非凡的意义。比如，老子认为"大言不辩"，庄子主张"得意忘言"，甚至儒家的圣人孔子，也告诉弟子子贡"予欲无言"，因为"天何言哉！四时行焉，百物生焉"。

如果自然天道是沉默无言的，那么，对"道"的追求，也就必然是对这种沉默无言的学习和模仿。庄子就曾写下了战国时著名的名辩家惠施对于辩论的心得：

惠施口才很好，和别人辩论了一辈子。每当他辩论累了，就靠在梧桐树上休息。有一次，惠施在休息时，终于悟出了不辩论的道理，从此就不再劳神和人家辩论了。

利用自己的口才，在辩论上把别人驳倒，就算是真正的胜利吗？如果你认为胜利了，那正是你的失败。惠施起初因辩论很开心，但后来，他终于悟到语言不过是求道的手段，而非求道的终极目的，没有必要对过程太过执着。当人们过分注重语言本身的时候，原本为了表现内在精神的语言，就会成为人生的累赘。

佛陀在《金刚经》里说：

　　说法者无法可说，是名说法。

一部《金刚经》，佛陀说了五千多字。然而，佛陀却说"无法可说"。在另外一个地方，他甚至说，自己说法近五十年，其实什么也没有说。说了那么多，被认为创立了一个深厚的思想体系，然而，他说自己并没有说什么。乍看实在是奇怪，仔细思考，却是般若无限——所谓语言的佛法、文字的佛法，都只是概念而已，不是真正的佛法。

真正的佛法，就在佛祖拈花微笑的不言之间。

语言文字所形成的观念，构筑了一个更深刻、更坚固的牢房。每个人都活在他/她自己的观念里，按照他/她认为应该的去行动，很少有人会停下来，细致地反思自己的观念。而每个人的观念，并非生来即有的，是出生以后家庭、社会所赋予他/她的。我们的烦恼，就来自我们的观念。比如，一个女人被陌生的坏男人摸了一下手，如果在现代，一般人并不觉得是多么严重的事情，但在理学盛行的宋代，那个女人可能觉得只有砍掉自己的手，才能保持自己的清白。因为她脑子里，全然是贞洁观念。人与人之间的争斗，一半来自名利，一半来自观念，而根本上，来自观念。因为名利的重要与否，取决于人们的观念。不同的观念，导致了无数的争斗。

佛陀与庄子一样，也认为在真相或真实的世界面前，语言是无力的。不仅无力，而且空洞。那么，对于佛弟子来说，终极真理是否可以用语言文字来理解？这是佛教的一个有趣的话题。

意会虽然比言传更接近佛法的真实，但意会只对慧根好的弟子有用，对普通的修行者而言，离不开言语说教的文字般若。原始佛教从某种意义上来说，是"文字佛教"，通过聆听佛陀的说法开示而觉悟。这些经典，往往由请法者的发问开始。《金刚经》，就是由须菩提发问源起的。

佛陀是一位好老师，他认为教化众生是他应该做的事，做完了就过去了，心中不会留下一丝痕迹，没有回报的念头。他虽然说了佛法，但又否定了佛法。就像溪流，你的脚刚刚踏进溪流，那水就已经流过你了，水不停地在流，就不停地在否定、不停地在变化。

你能捕捉流水的瞬息变化吗？

所以，佛祖什么也没说。

你敢骂佛祖吗

日本作家谷崎润一郎有一本著名的写日本古代宫廷生活的小说叫《少年滋干的母亲》，说一代风流贵公子平中，迷恋上宫廷里的一个女官。这个女子，容貌绝美，又聪明机敏，常常捉弄平中。平中想了许多办法，都无法得到她，却又拒绝不了这女子的诱惑。平中终于明白，自己不可能得到她，不如放弃对她的迷恋。

如何放弃呢?

平中想了她的许多缺陷，都没有用，还是非常迷恋。最后，他想到了一个办法——去看那个女子的大便，以为只要一看到她的大便，就会彻底粉碎因她的美所建立起来的种种幻觉，就可以不再迷恋她。

结果那个女子棋高一招，她明白了平中的心思，就事先在便桶里做了手脚。

当宫女把那个女子的便桶拿到园子里，平中抢过来打开一看，扑鼻而来而来的，却是浓郁的茉莉花的芬芳——里面盛放的是名贵的东方香料。

小说的结局是，平中完全绝望了，对这个女子的迷恋更深一层，觉得她真是个古怪精灵的女人，自己为她神魂颠倒是值得的，甚至献出生命也无憾。最后，平中以自杀了结了对那个女子的迷恋。

一个再美的女子，身体里也会和我们普通人一样排泄出大便，这是一个事实。但一般人不太愿意想到这一点，更不愿意看到这一点，只愿意沉迷在眼睛所看到的美貌之上，痴迷于对美的想象之中。平中决定去看美女的排泄物，去面对一个真相，确实有助于自己从执着里解脱出来。

佛教的基本修行里，就有所谓的修不净观，就是透过对肮脏、丑陋东西的观想，明白人的一切贪欲，尤其是情欲，是多么虚妄。

修不净观，是能治贪欲的。痴迷于美女的平中，想到去看那女子的大便，就是佛教的"修不净观"，用现在时髦的术语讲，就是"去魅"，把魅力的幻影一层层地去掉，把美女还原成一堆普通的血肉。然后，就不会再执着于她的美貌。

《金刚经》里，须菩提，深得佛陀真意，说了最彻底的话：

一切众生相，皆是非相。

指出了生命最终的真相：空。

比如说我们崇拜英雄，其实我们崇拜的，并不是英雄这个人本身，这个人和我们非亲非故，没什么感情基础，我们崇拜的其实是他的精神、思想和行为。比如我们崇拜岳飞，是他那精忠报国的精神；崇拜诸葛亮，是崇拜他足智多谋；崇拜比尔·盖茨，其实并不是崇拜他的人，而是崇拜他获取金钱、驾驭金钱的能力。换而言之，如果没有岳飞，还有杨家将；如果没有诸葛亮，还有刘伯温；如果没有比尔·盖茨，还有巴菲特。我们所欣赏的，并不是这些人的肉体，而是承载于之上的那些东西。

《金刚经》所昭示的，是不要被任何的概念、名称所束缚的"空"，包括佛所说的解脱法门、至高佛法。

世人迷信佛祖，把他供奉成金光万丈的法身，其实并未真正明白佛祖的心。真的佛心一片，会忘记佛祖的，甚至有人还会骂佛祖。

还是唐朝那位德山宣鉴法师，有一次，德山宣鉴法师在佛堂上，对弟子们说："这里无祖无佛。"弟子们一下子愣了。这"无祖无佛"，分明是眼里没有佛祖，是对佛的大不敬，所以弟子们显得十分紧张。然而，德山宣鉴法师下面的话，更让弟子们吓破了胆，他突然高声说："达磨是老臊胡，释迦老子是干屎橛，文殊、普贤是挑粪工，什么等觉、妙觉都是凡夫，菩提智慧、涅槃境界，都是系驴的木桩。十二类佛经，是阎王簿，是擦疮的废纸。什么四果三贤、初心十地,都是守坟的鬼,自身难保。"信徒们大惊失色。法师怎敢骂起佛门的老祖宗来了?而且骂得如此不堪!

人类认为大便是肮脏的,但大便却是植物的好肥料,也是狗爱吃的食物。

大便只是一个名词而已,本身没有什么特别意义,带着贬低他人的心,用这个词辱骂他人,等于是贬低了自己,因为你心里时刻在想着那摊臭烘烘的东西。若心无挂碍,则不存在辱骂之说。

绝对的真理在语言之外,在概念之外。《金刚经》主张直指人心,明心见性,不要过于依执外在的"相"。德山宣鉴的"呵佛",正是真佛法,是对外在偶像的破斥,而并非是对内心深信的佛祖的侮辱。目的是要告诫世人:学佛,不要做佛祖的奴仆,不要人为地贬低自己,成佛不须他求,而要靠自修、自悟、自证。

唐代还有一个天然禅师的公案:

有一次天冷,天然禅师竟然拿来木佛像燃烧取暖,寺院住持问:"为什么要烧木佛?"天然以杖子拨灰说:"我烧取舍利子呢。"住持说:"木佛哪来舍利子?"天然说:"既无舍利子,那就再拿两尊来烧。"住持无语。在天然看来,木佛只是木头,是信仰的象征,并不是真正的佛,而现时取暖才是最重要的,所以烧了无妨。禅宗反对偶像崇拜,只承认自己本心主宰,拿木佛像烧火取暖,无损于成就佛道。

其实,佛祖在世时,也从未教人崇拜偶像,佛教本来就是无神论,偶像崇拜完全是迷信,也与最本真的佛教教义相悖。

佛祖传法近五十年,启发了众生,但在《金刚经》中,佛祖却说:

> 若人言:如来有所说法,即为谤佛。

谁要是说佛祖讲过佛法,就是诽谤佛!这语气何等严厉,体现了佛祖要让大家不住于"相"的真心。

所以,我们读《金刚经》,不要迷失在语言的密林里,更不要成为佛祖的"脑残粉"。如果你一心痴迷于佛,那就是对佛的大不敬。

你敢骂佛祖吗?

点燃心中之灯

　　有一位在山中修行的和尚，一天夜里，月光皎洁，他在林间的小路上散完步后，回到自己住的茅屋时，正碰上个小偷光顾，他怕惊动小偷，就一直站在门口等着。小偷找不到值钱的东西，返身要离去时，一下看见了和尚，非常惊慌。和尚说："你走老远的山路来探望我，总不能让你空手而回呀！"说着脱下了身上的外衣，说道："夜里凉，你带着这件衣服走吧。"

　　说完，和尚就把衣服披在小偷身上。小偷不知所措，低着头溜走了。

　　和尚看着小偷的背影，感慨地说："可怜的人呀，但愿我能送一轮明月给你！"

　　第二天，温暖的阳光，融融地洒照着茅屋，和尚推开门，睁眼便看到他昨晚披在小偷身上的那件外衣，被整齐地叠放在门口。和尚非常高兴，喃喃地说道："我终于送了他一轮明月……"

"美丽的月亮"，象征着我们的自性，每一个人，自性中都有无限的宝藏。倘若能识得自家宝，何用偷窃他家物？

心是旷野里的兽，狂野而放任，是不容易控制的。但是，心也是可以牵引的。每个人的心里，都有一盏灯，一盏可以照亮心灵的智慧之灯，只是许多人将它禁闭，束缚了自己的灵魂。只要你能点亮这盏灯，它就会照亮整个世界。

唐朝的德山宣鉴法师，深通《金刚经》，很不服气另外一位有名的崇信法师，去找崇信切磋佛法。一天晚上，德山宣鉴站在崇信身边，眼看时间很晚，崇信说："夜深了，你怎么还不回去睡觉？"德山宣鉴礼貌地打了声招呼，告辞回去。走到门口，又折回来了，说："天好黑呀，我初到，不知方向。"崇信法师点燃一根蜡烛，伸手递与德山宣鉴，意欲与他照路使用。德山宣鉴刚要伸手去接，崇信法师忽然"噗"地一口将蜡烛吹灭了。此刻，德山宣鉴心中豁然开朗！伏地便拜。

"你见到了什么？"崇信问。

"心中之灯。"德山宣鉴回答。

燃灯、吹灯的刹那交替，使德山宣鉴在明暗的变幻中，见到了自性。蜡烛虽然灭了，但德山宣鉴的心性之灯，却通体明亮地照耀起来了。

心灯，是无形的，也是有形的，它隐藏在一个人的内心深处。如若这盏灯长期黑暗，人就会在自己设计的陷阱里无法自拔，看不到前方的路，看不到生命的阳光，久而久之，便自我封闭，逃避现实。

点亮心灯，其实不难，不需要花费多大力气，只需要一颗平和的心、慈悲的心，用心来感受一切。台湾佛学大德星云法师讲过这样一个故事：

有一位大学生，母亲经常叫她要这样做、要那样做，她因此生起很大的苦恼和反感。

这天，母亲又对她絮絮叨叨说个没完，她不耐烦地说："你别再那么唠叨，我不要待在这个家里了，简直像个牢狱一样。你老是那么啰嗦，我以后不回来了！"说完，便气呼呼地夺门而出，决心离家出走。

离开家以后，才发现身上没有带钱，肚子饿了怎么办呢？虽然看到路边有一处小面摊，却只能站在面摊前发楞。老板热情地问她："小姑娘你要吃面吗？"

她委屈地说："我想吃，可是我没带钱。"

老板说："没关系，我请你吃。"随即煮了一碗面给她，她接下这碗热乎乎的面，吃着吃着，又难过又感动地流下泪来。

老板一看，问道："小姐，不好吃吗？为什么老是哭呢？"

"我母亲天天都骂我、怪我，你虽然与我素昧平生，却对我这么好，让我很感动。"

"唉！我才给你吃一碗面，你就这么感动。你的母亲煮了多少顿的饭菜给你吃，更应该要感谢她，怎么反倒来感谢我呢？我这一碗面实在不值得什么。"

她一听，才惊觉自己的过错，于是赶紧跑回家。到了巷口，远远地就见到母亲站在门口张望着。母亲看到女儿回来，焦急地说："唉呀！你到哪里去了？饭菜都冷了，赶快来吃，赶快来吃。"这时，她才感到母亲的慈爱和蔼。

老板的一句话，点亮了女孩的心灯。希望我们的社会，人人学习面摊老板，多给人一句好话、鼓励和信心，那么人间就处处都是温情弥漫！

"一灯能破千年暗"。在佛教中，灯代表佛法，佛法代表智慧，智慧之光明能破除愚昧之黑暗。点亮心灯，同时还意味着燃烧自己，照亮别人。这也正是菩萨精神最直接、最有意义的象征。菩萨精神，就是要燃烧自己，照亮他人，做众生的不请之友，不为自己求安乐，但愿众生得离苦。

两千五百多年来，佛法之所以能够灯灯相传，永不熄灭，就是历代大德高僧有这种传灯的精神，一代一代地使佛法的火炬一站接一站。

心灯，不是迷信者在家里点的一盏禅灯。如果家里需要点一盏禅灯，也必须明了那盏灯只是一种象征，它在提醒自己：要经常维持智慧的明亮、心神的愉悦、待人处世的清醒。

人生总有不如意的地方，明媚的阳光，也有照不到的地方。

我们生活的这个世界，同一个太阳，同一个月亮，却有着不同的山水和季节，有着不同的风景和人情。有的地方鲜花盛

开, 有的地方冰冻三尺, 有的地方碧水蓝天, 有的地方寸草不
长。我们必须适时调整自己, 点亮心灯, 才能走出黑暗, 看到
生命的丰富色彩。

平常心看世事

佛祖的日常生活是什么样的呢？

是我们在《西游记》中看到的那个样子，坐在莲花宝座上，走路可以腾云驾雾，一开口大家都要跪拜，孙猴子见了也不敢放肆吗？

不是。

佛祖是一个非常平凡的人，有一颗非常平常的心。虽然他身边有一千二百五十个常随弟子，但是，他没有叫任何人服侍他，他只是一个到了吃饭时间自己去化缘的平凡人，光着脚去化缘，回来后洗脚，生活一丝不苟，严谨而又平淡。

《金刚经》中，佛祖告诉我们：

> 不应住色生心，不应住声、香、味、触、法生心。

生什么心？

生清净心。

看看我们凡夫的心，一天到晚有清净的时候吗？为身外之物从早忙到晚，下班后抓紧时间看电视、上网、陪孩子学习、应酬饭局、卡拉OK……老年退休了，没事干就感到无聊、心发慌。为了打发无聊，又找工作干。我们的心不能静下来，总是寄托在外物上，把自己的快乐和幸福，建立在人家的嘴巴上、眼光里。因别人恭维而高兴，因别人冷漠而睡不好觉。这样的人生，是多么可怜啊！

学佛就是要不断地解开心灵的缠缚，不住于身外之物。

佛教自公元前后传入中国，逐渐成为了我国传统文化不可分割的重要组成部分，无论是哪个文化领域，都渗入了佛教文化的色彩。汉民族在有意无意之间，说话时，都会流露出带有佛教意味的语词，比如"报应"、"功课"、"随缘"、"方便"、"平等"、"不可思议"等。许多佛教语言在现实社会中，仍然具有新鲜而强大的魅力。比如"平常心是道"这一禅语，就是现代社会的流行语。

"平常心是道"，是唐朝著名禅师马祖道一的名偈：

　　道不用修，但莫污染。何为污染？但有生死心，造作趣向，皆是污染。若欲直会其道，平常心是道。（《景德传灯录》卷二十八）

人生天地间，忽如远行客，虽说只有数十寒暑，然苦多乐少，古人说："人生不如意事，十有八九。"因此，绝大多数人，都深深地体会到"人生是苦"的。那么，我们如何去面对这种种苦的人生呢？

平常心。

佛法最伟大的一点就是：无论我们在什么样的时间或空间当中，只要是真正掌握了佛法的根本精神，就能够把生命调节到最佳状态，也就是至善圆满的人生境地。所以，佛法是现实生活当中不可缺少的调节剂，修学佛法是人生最高的享受，因为它告诉我们如何学会"无所作、无所受"，告诉我们用"平常心"去对待一切。这样，我们便找到了人生的"道"。

世上的幸福都是不圆满的，当我们饥饿的时候，想吃东西，吃饱就感到幸福了；如果继续吃下去，我们还会感到幸福吗？没有钱的想发财，没当官的想当官，待发了财、当了官，新的烦恼又来了。

烦恼从何而来呢？是从外部来的？还是从心灵的"里边"来的呢？

答案是后者。

要想幸福，不光要改善外在的条件，更重要的是改善内心世界，要有一个健康的心灵。所以佛教认为，人生当务之急，是解决生命的烦恼，解决心灵内在的痛苦。无杂念的心，才是真正的平常心。这需要修行，需要磨练，一旦我们达到了这种境界，就能在任何场合下放松自然，保持最佳的心理状态，充分发挥自己的水平，施展自己的才华，从而实现圆满的"自我"。

平常心虽然说起来"平常"，但能拥有它，确是一件不大容易的事。

如何悟到平常心呢？

正如罗丹所言：生活中不是缺少美，而是缺少发现。

其实，任何一个人都能在普通的生活中，寻找到自己需要的东西。平凡的生活中，处处都有耐人寻味的妙境。怀着一颗平常心看人事、看世事，心境就会平和许多。

禅宗有这样一个公案：

有一位禅师有三个弟子，有一天，师父问三人："门前有二棵树，荣一棵，枯一棵，你们说是枯的好还是荣的好？"大徒弟说："荣的好。"二徒弟说："枯的好。"三徒弟说："枯也由它，荣也由它。"

无论你选择前两者中的哪一种心态，都会产生得失之心，因受外境影响而或喜或悲。"枯也由它，荣也由它"，则无论世事如何变迁，皆可泰然处之。

古代佛学大师有听到唱歌开悟的，有看见花开开悟的，有煮饭时开悟的等等。《金刚经》发起的因缘是很平常的，佛陀穿衣、化缘、吃饭、洗脚、打座等等，示现般若智慧的修行就在日常生活中，这就是所谓的"平常心是道"。

佛陀也和凡夫一样吃饭、睡觉，他为什么就能成佛呢？

因为他专注吃饭，专注睡觉。而凡夫吃饭的时候，不专心吃饭，有种种计较；睡觉的时候，不安心睡觉，有千万妄想。

可以说，平常心，平常态，是健康人生的至高境界。它并不是让人不思进取，而是要人们对生命状态的把握，进入一个更高的层次，以便能充分调动、发挥生命的潜质，让生命的花朵更加灿烂地开放。

"心随境转"，是凡夫；"心能转物"，即是如来。

加减人生

佛祖在旅途中遇到了一个不喜欢他的人，连续好几天，在路上，那个人都在用各种方法诬蔑佛祖。但佛祖从来不跟他计较。最后，佛祖问那个人："若有人送你一份礼物，但你拒绝接受，那么这份礼物是属于谁的？"

那个人答："属于原本送礼的那个人。"

佛祖微笑着说："没错。若我不接受你的谩骂，那你就是在骂你自己。"

只要你对别人带给你的烦恼，采取不理不睬、不接受的态度，那么无论别人如何谩骂你、如何攻击你，都影响不了你的快乐，夺不走你的高兴。你如果生气，那就是在用别人的错误来惩罚自己，真正受害的还是你自己！

只要你不接受"烦恼"这份礼物，任何人都破坏不了你的好心情。

在佛教里，宇宙和人生，统名为世间。世间就是时间和空间的合称，过去、现在、未来等三世的时间，叫做"世"；东、西、南、北、上、下等十方的空间，叫做"间"。所以，世界，其实就是我们所赖以生存的所有——包括时间与空间。

我们必须要有一个正确的世界观，要知道世界的本质，不要以为世界是很完美的，就像我们想象中的极乐世界一样美好。更不要认为世间只有丑恶，类同地狱。

佛教的世界观建立起来以后，就能给我们带来很多应对现实问题的诀窍，让我们做好充分的心理准备，积极地面对这个世界。

现代世界不承认前世后世、因果轮回。到底佛教所谓的因果轮回存在与否，不是我们来探讨的问题。我们共同要面临的，是今天的现实生活。

佛说《金刚经》的目的，是为了解决心的问题。"心"的健康与否，直接关系到人的幸福。《金刚经》提出降伏其心，就是要降伏我们内心中的不安定和烦恼。这恐怕是现代人最急需的一剂心灵良药。因为《金刚经》探讨了解脱生命困惑的大智慧，被奉为"佛门的智慧之母"。因为《金刚经》对人生的启迪，还有很多不学佛的人，也常常从中获得思想的力量，所以通常意义上，它也是一部人生哲理典籍。

人的天性，总是希望有所得，以为拥有的东西越多，自己就会越快乐。可是，我们在生活中之所以每每郁郁寡欢，感到不快乐，正是由于占有之心太重，"放不下"使然。只有那些不将眼睛盯在物质拥有上的人，才可能集中力量，去追求心灵上可贵的东西。

欲是人的一种生理本能：饿了有食欲，困了有睡欲，缺东西时有物欲，情窦初开时有情欲。但凡事总要有个尺度，欲望多了、大了，就会生出贪心，必然欲壑难填。贪求私欲者，往往被物欲、财欲、色欲、权势欲等迷住心窍，攫求无已，不知使多少人作茧自缚，忘了善待自己的身心。而人一旦戴上了"有才华"和"有能力"的高帽，就想在任何场合证明它，结果弄得自己很疲惫。

用佛眼看世间，恰如用X光机透视这个世界，能把虚浮滤去，清晰地展示出真实的骨架：王侯将相的华服下面，掩盖的是和常人一样的躯体；圣贤经典，有时也不过是辞藻的游戏；伦理道德，就是束缚人们的绳索……

历来都认为，《金刚经》言说了最高的佛法，是专为资质极佳的人准备的，如果是资质差的人听了，是生不出什么信仰的。如果是真有大智慧的人，一听《金刚经》就会顿悟解脱。我不是大智大觉的人，《金刚经》给我的最大启示，就是教我去做人生的加减法题。

佛法讲"无常"，无常就是不会永远"得"，也不会永远"失"；人生不会都是加的，也不会都是减的。人生有时候是一帆风顺，所谓情场得意、钱财顺意、所求如意，这都是"加"的人生；有时候事业上的失意、人情上的恨意、亲人间的歉意，这都叫"减"的人生。人生本来就像潮水一样，起起落落，有高潮有低潮，这就是"加加减减"的人生。

台湾佛学大德星云法师说，人生的"加"是一种成长，"减"是一种成熟。

我们来到人世间时一无所有，一切都是零。随着时光的流逝，我们的人生开始做加法，加入智慧的光芒，加入品格的力量，加入财富的追求，加入亲情的浸润，使人生更加丰盈。到了一定年龄，我们则要开始做减法，减去多余的物质，减去奢侈的欲望，减去心灵的负担，减去环境的纷扰，合理安排人生的进退取舍，使人生更健康。

当生命中有了多余的物质时，我们就必须学会运用减法来经营人生，更要学会用豁达来看待人生。

有的人什么都不缺，但是他却不快乐；有的人什么都不比别人好，但他却活得高兴。原因就在于，有没有对人生的坦然和对现实的满足。同样的半杯水，乐观豁达的人说：很好，还有半杯水；悲观愁苦的人说：惨了，只剩下半杯水了。一样都是平常的生活，知足的人，觉得像是生活在仙境；不知足的人，却感觉那是人间地狱。幸福，其实来自于知道"适可而止"的智慧。

减去贪欲、执着，加上佛所说的"觉悟"，才会拥有丰富豁达的人生。

应无所住而生其心

　　佛陀在世时，有一次在河的对岸讲法。有许多比丘想渡河去聆听，但是，河边只有一条船，船主告诉比丘们："我的船已经很旧了，你们这么多人要坐，会很危险！"由于比丘们急着要到对岸听法，根本无视船主的忠告，还是全部都上了船，船主只好勉为其难地开船了。当船行驶到河中心时，比丘们发觉船底渗水进来，开始感到恐慌！这时船主说："我说过，这条船已经很老旧了，你们却不听我的话。现在大家如果不能保持沉静，船沉的速度将会更快。"比丘们听了，都冷静下来，不敢乱动。还好，船主的经验丰富，请大家尽量减轻船身的重量，最后终于平安地将比丘们送达对岸。

　　比丘们见到佛陀，便述说刚才发生的事。佛陀说："当你们坐在船上时，非常担忧会发生的危险，平常却没有警觉人生时时刻刻都有危机。一般人常烦恼未知的来世，其实，我们应该好好关注今生此世，注意现在的心念，要灭掉心中的贪、嗔、痴、慢、疑五种毒念。"

我们的心，好比那艘已破漏的船一样，最重的负担，就是"贪、嗔、痴、慢、疑"这些人世的烦恼。我们若坐在一艘会漏的破船上，随时都有沉下去的可能，唯有修补漏洞、减轻破船的负担，才能安全地抵达彼岸。

那么，佛教要达到的彼岸是哪里呢？

答案是"应无所住而生其心"。

《金刚经》的眼睛，就是"应无所住而生其心"。这是《金刚经》里只出现了一次的话，却把不执着、放下的含义，说得清清楚楚。难怪这句话，曾经启发了岭南的樵夫惠能，引领他成为禅宗的一代宗师。

樵夫惠能一个字也不认识，却能成就一代佛学大师，为什么呢？

佛法妙理，和文字没什么关系。

修习佛法，你知道得多，并不一定是件好事，因为"知道"会成为障碍，挡住我们看清心灵的本来面目。

无知无识的人，常常有最上等的智慧。因为无知无识的人，没有"知道"的障碍，他的心完全开放，没有被任何"知道"遮蔽住。

流传于世的禅宗六祖惠能的故事是：他二十四岁时，一次在市场上卖柴，偶闻一个人念诵"应无所住而生其心"这句话，惠能顿然开悟。

熟悉佛教故事的人，都知道这个典故，但惠能为什么听到这一句话就能开悟呢？

这里面是有"奥秘"的。

惠能早年家境贫寒，父亲不幸在他很小的时候去世，只和母亲相依度日。在那个时代，人们取暖依靠柴禾，有些有钱人不愿意去山里花苦力砍柴，就买老百姓从山里砍下的柴禾。惠能自小就以砍柴卖柴为生的人，他每天走在山里，呼吸着山里清新的空气，闻听着动听的鸟鸣，看着蓝天，感受着山河的沐浴和滋养，他享受着由眼、耳、鼻、舌、身、意所带来的美好。这使他的心和大自然一样，纯净、无瑕，包含着春、夏、秋、冬的轮转。

直到二十四岁的一天，当惠能砍完柴走到市场上，突然，他听到了一个人诵吟"应——无所住——而生其心"……惠能当即一惊，啊！这是谁说的话？

他按捺不住自己，赶紧去问那个诵经的人："这话是从哪里来的，是谁说的？"

那人告诉他，是《金刚经》中佛陀说的，从禅宗五祖弘忍大师那里听来的。

惠能在心里惊叹：真是太好了！居然还有人能说出这话，真是不得了！佛陀所说？佛真不得了，我也要做佛！

就是那一刻，惠能在心里种下了成佛的种子。

什么是智慧？

智慧，就是心灵开放的程度。一颗心越开放，它就越智慧；一颗心越封闭，它就越愚鲁。

惠能因为不识字，没有接受任何知识文化的熏陶，所以没有任何"知"的障碍。他的"心"总是以为自己一无所知，所以他完全开放，又因为他完全开放，所以他的心也完全智慧。

所谓佛性、佛法，并不是什么高深的道理，也不是什么玄妙的法门，而是一直就在那里的真相。佛陀并没有增加什么或减少什么，他只不过撕开了尘世一层又一层虚幻的假相。

凡人在未学佛以前，执着世间的东西，为功名利禄、儿女亲情而操心和烦恼；学佛以后，又执着佛堂的庄严、拜佛的次数、念诵的声音、打坐的时间等等，这也是一种执着，我称之为"佛执"。

"佛执"，逢人便吹嘘自己学佛，甚至劝说别人也信佛。学佛之后，看周围人都有问题，只有学佛者没有问题，使佛学似乎变成了远离尘世、悬在空中的学问。其实，学佛不能有任何形式的执着，哪怕是执着于学佛。真正学佛，应重在心念的修持，而并非枯坐蒲团。

唐朝的马祖禅师，早年修行时执着坐禅，著名的南岳禅师，就在他旁边磨砖。

马祖问："你磨砖做什么？"

南岳回答说："做镜子。"

马祖说："砖如何能磨成镜子？"

南岳答："坐禅又怎么能成佛？"

马祖当下大悟。

我们都经历过孩提时代，那时候饿了就哭，吃饱了不闹，绝无贪求的欲望；爱父母，亲同伴，厌恶大灰狼，绝无虚饰和矫情；瞪大眼睛看世界，不懂即问，不会即学，全无功名利禄之念。所有这一切，都是一种自然天性。我们常说，一个人最快乐的时候是小时候。小孩子能快乐，是因为小孩子能及时把痛苦放开。小孩子没有控制世界的非分之想，没有驾驭别人的野心，没有对声名权势的热衷，也没有害怕失败的恐惧和焦虑，他们的快乐，是真正无所挂碍的自然的快乐。

可在成长的过程中，一次次挫折和摔打，却使我们渐渐失去了儿童的纯朴和天真。我们害怕贫穷，因而我们不再仅以满足自身需求为度，有了奢望；我们渴望成功，因而会常常恐惧失败而无法随心任意；我们必须意志坚强地面对人生的一切，因而慢慢学会了不动声色，硬起心肠。我们常常为功名、利禄、权势、地位这些人造的幻象所欺骗，甚而甘受它们所驱遣，我们失落了自己的本真，同时也失去了无所挂碍的自然的快乐。

苏轼《临江仙》云：

> 常恨此身非我有，何时忘却营营？

对于人类来说，蚂蚁的忙碌和争斗是渺小的；对于宇宙来说，人类的喜怒哀乐，也同样是渺小的。真正的"应无所住"，不是只求自己随遇而安、随心自在，对外在不起迷惑，还要积极投入世间，"而生其心"，以无上的智慧，随机度化众生、成就有情。

渐修与顿悟，哪个更好

如何成佛？

历史上有一则著名的公案：唐朝时，一代佛学大师禅宗五祖弘忍，有意传法，令门人作偈。门人各自思忖。五祖有一个非常有名、修行很高的大弟子神秀，半夜悄悄在寺院南廊墙壁上题写了心偈：

> 身是菩提树，心如明镜台。
>
> 时时勤拂拭，莫使惹尘埃。

此偈一出，众人心服，争相传诵。

在寺院内打杂，大字不识一个的惠能，听人读诵神秀的偈子，当即开悟，作偈曰：

> 菩提本无树，明镜亦非台。

本来无一物，何处惹尘埃。

这大概是中国最有名的一首佛偈了吧！

五祖因之传法于惠能，是为禅宗六祖。

成佛有两条途径：一条是走神秀提倡的道路"时时勤拂拭"——渐修；另一条则是走惠能的道路"本来无一物"——顿悟。

曾几何时，我对惠能的这首偈，也是颇为倾心的。可是，随着年龄增长，经世日久，心里不禁竟有些疑问：难道"顿悟"真的是没有过程？即使有那一霎那间无比重要的"顿悟"，那"顿悟"之前，是不是也要有"渐修"？

唐以前，自印度传入中国的佛教，基本以"三论"、"天台"、"唯识"、"华严"、"净土"五宗为代表的北方佛教占据着统治地位，禅宗只在南方少数地区存在和发展。北方佛教，重戒律、渐修，主张信徒要出家，要在寺庙里修行，而且要念诵大量的经文，认为只有经过艰苦修行，才能求得正果。而禅宗坚持"直指人心，见性成佛"，主张丛林修，不出家，只要心中有佛，不改变日常生活即可。这很有点"速成"的味道，然而，对于普通大众来说，成佛不再是可望不可即的事情了。

顿悟与渐修，本是通向觉悟之路的两个重要阶段，渐修是量的积累，顿悟是质变的过程。渐修，是我们在修行中逐渐回归本心的过程；顿悟，是我们在渐修后心灵中显现清净自性的瞬间。然而，后人津津乐道的，却是惠能的"顿悟"说，神秀的"渐修"相对遭到冷遇。

其实，修行不能好高骛远，否则容易落空。

镜子本来是光可鉴人的，但如果镜子蒙上了一层灰尘，掩盖了它的光明，就应该"拂拭"。我们每一个人，原本都有佛性，但是我们的心在成长的过程中，不经意间被蒙上了尘垢，累积起来，就覆盖了真心。修习佛法，就是要拂拭掉尘世的虚妄心，回到自己的佛性。所以，不要忽略了神秀大师的伟大。神秀大师说的"时时勤拂拭"，对于修行还没有到家的人，是非常有必要的。

六祖大师和神秀，是两种不同成佛道路的代言人，六祖大师是出格的，是了不起的；神秀大师是务实的，是脚踏实地的。修行佛法，你若不"勤拂拭"，那就不会"无一物"。"无一物"是结论，"勤拂拭"是功夫。

当时佛学南北流派对立的时候，神秀大师的弟子都瞧不起六祖大师，说："他是一个砍柴的文盲，也不认识字，凭什么得五祖的衣钵成为六祖？六祖应该是您老人家才当之无愧。"神秀说："你们错了，惠能是无师智。"

无师智，是没有师父教，"不学而知"，这是很难得的无上智慧。

神秀大师尽得五祖真传，一直是五祖门下的首座，既有崇拜他的师兄弟，也有自己的徒弟。尤其是五祖弘忍灭度后，神秀一支弘扬佛法，影响最大，范围最广。在常人看来，到五祖大师身边不过几年的一个不识字、在厨房打杂的惠能，"抢"走了五祖的衣钵，这对神秀不公平！但神秀却能以平常心看待这件事，不愧为得道高僧！

神秀的影响之大，甚至惊动了武则天。700年，武则天迎神秀法师入京，亲加跪拜之礼。而那时，六祖惠能还不曾闻名。神秀进住京城之后，武则天给了他极高的礼遇。她特敕神秀可乘肩舆上殿，直达殿前，不必行礼。又下令，在神秀原来住的玉泉山和他的家乡，分别修建寺院，以表彰神秀的功德。当时人们视神秀如神仙，每逢神秀出行，纷纷拿着擎绣幡、香花夹道相迎，有时甚至堵塞了道路。上至王公贵族，下至平民百姓，都望尘拜伏，每天数以万计。

当武则天要封神秀为国师时，神秀却说："我没有这个资格，传承五祖大师衣钵的，是我的师弟惠能。"并且讲了他和惠能所作的偈子的事情，武则天大受感动，下诏赐紫袈裟与南方的惠能，在全国承认其禅宗正传地位。这是六祖惠能的名字，第一次传到统治者耳中。

神秀不计门户之见力荐惠能，应该说，是颇具大师风范的。神秀居留京城六年，礼遇与日俱增，寿过百岁圆寂。他先后受到武则天、唐中宗、唐睿宗三位皇帝的崇仰，享有"两京法主、三帝国师"的殊荣，在佛教界的地位无与伦比。

神秀大师的渐修思想，在历史上影响也极大。《西游记》

中唐僧西天取经的整个过程，实际上也就是师徒四人的渐修过程。

唐僧师徒各自的经历，从出身直至成佛，无一不是一番"寒彻骨"之后，才得成正果。唐僧本是佛祖的二徒弟金禅子，因不听佛法，贬下凡尘，刚出世，便遭家破人亡之难。在取经途中，唐僧又常被众妖魔掳去，备受折磨。这些折磨在肉体与精神上，都给了唐僧很大的打击，但也更加坚定了唐僧"求真经"的决心。而每当唐僧因西去路途遥远多难而伤心落泪，总有人用"渐修其道终会成佛"之类的话语来规劝唐僧。

猪八戒、沙僧本都是天将，因犯错被贬下凡，挑担牵马，逢山开路，遇水搭桥，渐修渐进，最终也分别修成了净坛使者菩萨和金身罗汉菩萨。

"渐修"思想的最大体现，莫过于孙悟空。孙悟空的经历，讲了个人能否成佛，就在于能否觉悟和反观自心。孙悟空因大闹天宫，被如来压在五指山下，经五百年苦难后方归于佛教。在西去途中，又惩恶扬善，竭心尽力地伏魔降妖，途中的八十一难中的七十三难，都是由孙悟空解决的，他是取经路上的核心人物。尽管如此，他还时时为心中杂念所羁绊，唐僧一误会他，他的口头禅就会出来："老子不干了！"虽然孙悟空完全可以借助自己的法力直达西天，或是放弃求经，去做他的"齐天大圣"，但他还是选择了一步一步走取经路。每一次遇上的难题，他都是凭着不懈的努力去解决。经过苦苦渐修之后，孙悟空终成斗战圣佛。

觉悟之道千万条，"理可顿悟，事须渐修"这八个字，才是不变的准绳。没有经历各种常人所不能忍受的磨难，悉达多太子也不可能在菩提树下豁然顿悟成佛。从释迦牟尼及其后许多大师的成佛之路来看，神秀的渐修和惠能的顿悟，都是不可缺少的两个环节。或先有渐修然后顿悟，或先有顿悟然后渐修。渐修与顿悟，似流水一样持续不断，会伴随修行者一生。

烧掉《金刚经》吧

汉字据说是仓颉创造的，传说他看到了鸟兽的足迹，受到启发，创造了汉字。

语言文字既然是人创造的，必然受到一定的观念束缚。如果我们让一些小孩子根本不与外界联系，一生下来，就关在一个封闭的环境当中。在这种情况下，他们就会创造出一些只有他们自己才能理解的语言，屋里所有的一切东西，包括锅、碗、瓢、盆、床、沙发、桌子等等，都会被他们赋予新的名词，和我们所定义的完全不同。

正因如此，尼采说：语言文字只是为凡庸的事物而设，所以"开口便俗"；歌德也曾断言：事物的真实性质，非笔舌所能传达！

世界上最高深的道理，如同人的最深厚的情感一样，语言文字是无法表达的，不管什么中文、英文、法文、日文……都没有办法表达。

那么，《金刚经》这部佛教经典，真的传达出佛祖的真知了吗？

《金刚经》虽然只有五千多字，读起来也很容易上口，但要参透却很难，甚至入门都不容易。因此，千年以来无数大德高僧、国学大师都殚精竭虑，注疏详尽，试图为世人开启这扇通向人生无上智慧的"金刚之门"。也正是因为阐释太多，导致对同一概念有诸多版本的解释，这使得许多初学《金刚经》的人，常常陷于更大的迷惑，致使《金刚经》成为著名的"难读之经"。

《金刚经》似乎跟中国人特别有缘，念经者，喜欢念《金刚经》；讲经者，喜欢讲《金刚经》；注经者，喜欢注《金刚经》。《金刚经》为什么会在中国如此流行呢？是翻译者鸠摩罗什的文字般若造成的。

一千六百多年前，曾经有位年轻的沙门发愿：只要能把真正的佛法传到东土，就是赴汤蹈火，也在所不惜。为了这个誓愿，他忍辱负重，一生颠沛于兵戎与王权之间。他就是中国佛教史上最负盛名的翻译家鸠摩罗什。

鸠摩罗什是古西域龟兹国人，他的父亲本是印度来的僧人，后被迫还俗，娶了龟兹王的妹妹什婆。有了心爱丈夫的什婆，在婚后反而一心向佛，生完第二个儿子后，就带着七岁的大儿子鸠摩罗什一同出家修行。年幼的鸠摩罗什天资聪敏，很有慧根，六万多字的《法华经》，两天就可以背诵并且领会。为了专心佛法，他又跟随母亲游学印度诸国，遍访名师，深究奥义。不到三十岁，已经名满西域，誉遍中原，成为一代宗师。前秦君主苻坚征服龟兹，想把他接到长安，但因后来亡国，使鸠摩罗什在后凉滞留达十六年之久。之后，是后秦君主姚兴把他接到长安，让他安心从事佛经翻译工作。最后，鸠摩罗什圆寂于长安，终年六十九岁。

传说，鸠摩罗什曾经发愿：如果我译的佛经没有曲解佛法的本意，那我火化之后，舌头仍然不毁。不久，鸠摩罗什圆寂，依佛制火化，火灭身碎后，惟有舌头完好无损。如今，甘肃武威有一座舌塔，据说就供奉着译经大师那不烂的舌头。

自从南北朝时期，鸠摩罗什法师把《金刚经》翻译成汉字以来，历经各朝各代，《金刚经》已经成了中华文明不可或缺的一部分。人们把《金刚经》与儒家的《论语》、道家的《道德经》并列为儒、释、道三家的宝典。尤以唐宋以后盛极一时的禅宗，与《金刚经》更是结下深厚的因缘。禅宗六祖惠能，是因为在街上听到有人读诵《金刚经》中"应无所住而生其心"一句时，激发了他的佛性，后来，他远赴千里之外去亲近五祖，五祖专为他讲《金刚经》，他豁然大悟。本来，禅宗是依据《楞伽经》修行，自惠能大师以后，就依据《金刚经》了。所以，《金刚经》在中国古代，是特别受重视的一部佛经。

鸠摩罗什翻译的文字，优美感人，自成高格。后来，唐朝的玄奘法师等人，也翻译过《金刚经》，但在文学境界上，始终没有办法超过鸠摩罗什，这就是文字般若不同的缘故。

然而，文字越般若，有时越会引领我们远离文字背后的真相。

韩非子曾讲过一个"买椟还珠"的故事：

> 春秋时代，楚国有个专门卖珠宝的商人，有一次，他到齐国去兜售珠宝。为了让珠宝的销路好，他特地用名贵的木兰木制作了精美的匣子，又用珍贵的桂、椒一类的香料把盒子薰得芳香扑鼻，再点缀上珍珠和玉石，装饰上玫瑰花纹，还用翡翠给匣子镶了边。一个郑国人见了他的匣子非常喜欢，当场付了足以买珠宝的钱，却只拿走了匣子，归还了里面更贵重的珠宝。（《韩非子·外储说左上》）

过分华美的言辞，往往是文浮于理，末胜于本，使人忘了内容本身，而被外在形式吸引。就像故事中卖珠宝的商人，他把装珠子的木头盒子制作得万般精美，却使买主的注意力被盒子吸引，致使珠子的价值反而被忽略了。而他真正想售出的是珠子，不是盒子。韩非子认为，过度重视言辞就如买椟还珠一样，搞不好就会喧宾夺主，而忽略了真知。

有相当多的哲学家都担心，读者过分执着于文字，甚至于"死在句下"。

我倒觉得，唐朝的德山宣鉴法师的行为最可取。德山法师虽然写了厚厚一本《金刚经注疏》，却很长时间仍然心有执迷，直到他点亮"心灯"，终于明白了《金刚经》所说的"应无所住而生其心"的真正含义，便将自己写的《金刚经注疏》付之一炬。

在我们的通常观念中，书是知识的传承、经验的积累、智慧的聚集。一本好书，就像一个天使，会带你飞到从未去过的地方。后人研究德山宣鉴，曾为他焚烧此书惋惜不已。对于一位大法师、大学者，想必那本《金刚经注疏》不知蕴含了多少佛学哲理。可德山法师对自己智慧凝结成的《金刚经注疏》，却和我们的通常观念大相径庭。德山法师是研习《金刚经》的大学者，他焚毁了自己多年修佛问道的成果，不是放弃了《金刚经》，而恰恰是对《金刚经》的真正理解。

那么，我们读了《金刚经》后，和德山法师一样，烧掉它吧！

求佛即求己

诗僧佛印经常和苏东坡一道游山玩水，吟诗作对，两人常常妙语如珠，不乏幽默机智。

一日，他们到一座寺院游玩。走进前殿，看见两尊神态威猛的金刚神像，东坡问道："这两尊金刚，哪一尊重要呢？"

佛印脱口而出："自然是拳头较大的那一尊啊。"

两人又漫步到后殿，看到观音手持念珠，东坡又问："观音既是菩萨，为什么还要数手里的那串念珠呢？"

佛印说："噢，她也像凡人一样祷告呀。"

东坡问："她向谁祷告呢？"

佛印笑答："咦，她向观音菩萨祷告呀。"

东坡觉得很有趣，又问："她自己便是观音菩萨，为什么要向自己祷告呢？"

佛印忍俊不禁，笑笑说："这是求人不如求己嘛！"

两人同声大笑起来。

学佛要发菩提心，什么是菩提心呢？

就是上求佛道、下化众生的心。

六祖惠能当年奔波千里，去拜见禅宗五祖时，第一句话说的什么？

——"我来学作佛"。

这境界有多高啊！我们反思一下，自己到寺院里烧香拜佛，求的是什么呢？

近些年，中国老百姓生活富足，各地寺院，随着旅游业的发展，香火兴盛。每进寺院，多见那些善男信女，在佛前烧香跪拜，默祷许愿，然后把大把的钞票往功德箱里扔。为何科学发展到登峰造极的现代社会，仍然会有这么多人虔诚于佛？为什么有些腰缠万贯的大款，做生意坑蒙拐骗，掏腰包如同割肉，而进了寺院，却几千几万地慷慨解囊，甚至捐出巨款修庙呢？

大凡求佛拜佛的人，对于佛究竟是个啥东东，可以说是一无所知。人们信佛的理由，也是五花八门儿，其中大部分是在人生旅途中坎坷失意，失去了生活的目标，从而想借助佛的神通，使自己得到解脱。这些人对佛的崇拜，是盲目的。在他／她们心中，佛是神通广大、无所不能的，可以普度众生脱离苦海，度人到极乐世界去。所以，他／她们敬佛礼佛，就是都怀着一个美好的愿望：祈求佛的保佑！有的人求财，有的人求官，有的求安宁，有的求来世，有人求佛保佑安康长寿，有人求佛保佑找到称心如意的爱人；有的人结了婚不生孩子，就去求佛赐给子嗣；有的自家孩子高考，求佛保佑孩子考上好的大学；更有甚者，个别贪赃纳贿的贪官污吏，竟然也来求佛，他们不是在佛祖面前，忏悔自己的罪恶，而是求佛保佑自己躲过法律的惩罚。

这些所求，都不会得到佛的保佑。特别是那些贪赃纳贿的腐败官员和坑蒙拐骗的商人，用非法所得，来向佛施贿，保佑他们逃脱法律的制裁，这种"求"更加荒谬了。不要说佛没有神通保佑他们，即便佛有此神通，也不会帮他们。试想，倘若佛受了他们的赃贿，那佛不是和他们同流合污了吗？如果佛道中也有纪检委，那佛祖岂不是也要被"双规"？

佛，不是大家概念中的神通广大、无所不能。我们所知的佛祖释迦牟尼，和我们每一个人都一样，也是父母的精血孕育而成，经过修行，肉身而成佛。他可以和我们儒家的圣人孔子、道家的鼻祖老子比肩，都是人类的智者。

而佛也并非是指某一个人，佛祖说，世间万物，皆具佛性，正所谓"一花一世界，一叶一菩提"。我们每一个人，与佛之间的距离，只在一念之间。觉悟了，人人都是佛！因此，佛没有所谓的神通，有的只是思想和智慧。

佛既没有神通，因此，也就不可能、更没有能力去保佑任何人。佛给予你的，只有通往智慧宝库之门的钥匙。进了门后，能得到什么，能得到多少，还要看你的慧根与灵性，还有你的修行与付出。

有这样一则寓言：

深山中，茑萝缠绕着一棵参天大树向上攀爬，夏秋之交时，开出了小巧可爱的红花，十分迷人，迎来了无数游人的赞美。茑萝得意非凡，一天，一个木匠上山砍树，他看了看被茑萝缠绕的那棵大树说："这棵树正适合做屋梁！"于是，木匠拿出斧头，砍起树来。茑萝心中很害怕，想以最快的速度离开大树，可是它平时缠绕这棵大树太紧了，根本无法分开。最后大树倒下了，茑萝也难逃灭顶之灾。

这则寓言令我感触颇深。依靠别人生活的人，一旦失去依靠，命运就会像茑萝一样不幸。由此可见，命运必须掌握在自己手中，美好未来，也必须依靠自己的努力去争取。

那可能有人会问，既然命运掌握在自己手中，那么读《金刚经》何用？学佛何用？

在我心中，佛陀仅仅是一位老师，人生的老师。他启发我们去寻找真正的自己，并努力去做最好的自己。

佛陀的思想，以解脱为最终目标。

解脱什么呢？世间的烦恼。

解脱了以后，要达到什么境界呢？

佛的境界，也就是清净的境界。

既然是解脱，也就意味着，我们并不需要成为另外一个什么，而只要回到自己本来的样子就可以了。

佛陀认为，一切的众生，本来就是清净的，只是因为妄念而迷失了本性，所以，一直在世间漂泊，得不到安宁。如果我们放下一切执着，就可以找到返回的路，回到自己心灵的最初。

正因为如此，个人崇拜与佛教精神是背道而驰的。佛陀不要众生崇拜他，他要我们每一个人都做一个真人，一个头脑清楚、心地善良的人。从这种意义上讲，求佛即是求己。

每个人的幸福，都掌握在自己手里。世界是一面镜子，你对它皱眉，它就对你皱眉；你对它微笑，它就对你微笑。幸福不是某种具体的物质，而是一种感觉。使你不幸的，只有你自己，而不会是别的什么人。

人生哪能没有坎坎坷坷，人生何其短，我们都只是时间长河中的一个小水泡，那何不happy再happy，让这个水泡清澈圆润呢？

我们不必去远方寻找净土。

何处是净土？

这里。

谁是佛？

你就是。

附：《金刚经》注译

如是我闻^①：

一时，佛在舍卫国祇树给孤独园^②，与大比丘众千二百五十人俱^③。尔时，世尊食时^④，着衣持钵^⑤，入舍卫大城乞食^⑥。于其城中次第乞已^⑦，还至本处。饭食讫，收衣钵，洗足已^⑧，敷座而坐^⑨。

【注释】

①如是我闻：为佛经开头语。"如是"指经中所述之内容；"我闻"，我听说。"如是我闻"意为我听佛这样说，表示这部佛经中的话，都是佛亲口所说。这是为了增加佛经的可信度。

②佛：梵语音译，又译作佛驮、休屠、浮陀、浮屠、浮图、浮头、步他等，意译为觉者。

③比丘：指男子出家满二十岁以上，且受具足戒的修行僧；女子出家受具足戒者，称为比丘尼。

④世尊：是对佛陀的尊称，佛的十号之一。因佛是世人所共尊的人，因此称佛为"世尊"。

⑤钵（bō）：僧人食具，通常用泥或铁制成，圆形，略扁，小口，平底。

⑥乞食：是印度僧人为资养色身而乞食于人的一种行仪。

⑦次第乞：按顺序挨家挨户乞食。修行者借助这样的行为，可培养平等心。

⑧洗足：佛是光脚乞食的，所以回来要洗脚。

⑨敷座而坐：整理好座位打坐。修行者平常生活中，身体端直是很重要的，因为正确的坐姿，不至于使人容易散乱、疲劳和昏沉。佛教对坐的方式、作用，有详细的规定。

【译文】

我曾经听佛这样说：

一天，佛住在舍卫国的祇树给孤独园里，与一千二百五十位大比丘在一起。当时，临近午时吃饭时间，世尊郑重地披上袈裟，拿着饭钵，步行走进舍卫城去乞食。佛在舍卫城中慈悲平等，不分贫富、贵贱，挨家挨户地托钵乞食后，便返回给孤独园中。佛吃过了饭，将袈裟和钵收拾好，并洗净双脚，铺好座垫后，便开始打坐。

时，长老①须菩提②，在大众中，即从座起，偏袒右肩③，右膝着地④，合掌⑤，恭敬而白佛言⑥："希有⑦，世尊！如来善护念诸菩萨⑧，善付嘱诸菩萨。世尊，善男子、善女人⑨，发阿耨多罗三藐三菩提心⑩，应云何住⑪？云何降伏其心？"

佛言："善哉！善哉！须菩提，如汝所说，如来善护念诸菩萨，善付嘱诸菩萨。汝今谛听，当为汝说。善男子、善女人发阿耨多罗三藐三菩提心，应如是住，如是降伏其心。"

"唯然，世尊。愿乐欲闻。"

【注释】

①长老：是对年齿长、道行高，且有智能、威德的大比丘的尊称。

②须菩提：是梵语音译，又译为善吉、善见、空生等。他是佛祖的十大弟子之一，原来是古印度舍卫国贵族鸠罗长者之子，能深入理解佛法的空义，所以有"解空第一"的称号。

③偏袒右肩：请法时"偏袒右肩"，是古印度最尊重的礼节。

④右膝着地：是印度的俗礼。右是正道，左为邪道，袒右跪右，以表恭敬。

⑤合掌：又名合十。印度人认为，右手为神圣之手，左手为不净之手，故有分别使用两手的习惯。如果两手合而为一，则代表着人类神圣面与不净面合一，这是人类最真实的面目。合掌，即合并两掌置于胸前，集中心思，因而也表示吾心专一之敬礼法及皈向中道。

⑥白佛言：对佛说。白是南北朝时期的说法，即道白。

⑦希有：谓事之甚少者、无相类者。这是对佛的赞美。

⑧如来：佛的十种尊号之一。

⑨善男子、善女人：佛经中对在家的信男、信女，每用善男子、善女人的称呼。

⑩阿耨（nòu）多罗三藐三菩提心：是梵语音译，意指无上正等正觉，是最高的智慧觉悟，即发起宏大深远的誓愿，以崇高、伟大、无上、究竟的佛果为目标。

⑪应云何住：应当怎样安住。凡发大菩提心者，在动静、语默、来去、出入、待人接物一切中，如何能常安住于菩提心而不动？所以问"应云何住"。

【译文】

这时，德高年长的长老须菩提，在众比丘中，从自己的座位上站了起来，他斜披袈裟，偏袒着右肩，右膝跪地，双手合十，恭敬地向佛行礼，对佛赞叹："举世罕有的世界之尊啊！如来善于护念诸菩萨，善于咐嘱指导诸菩萨。世尊，倘若有善男子和善女人，发愿成就无上正等正觉的菩提心，那么他们应如何安住无上正等正觉菩提心呢？如果他们起了妄念的时候，又要怎样去降伏他们的妄念呢？"

佛赞许说："问得好！问得好！须菩提，正如你所说的那样，佛善于护念诸菩萨，善于指引诸菩萨。你们现在细心静听，我将为你们言说。如果善男子、善女人，发愿成就无上正等正觉的菩提心，就应该如此这般地保住菩提心，就应该要这样去降伏妄念。"

菩提回答道："是的，世尊。我们都欢喜听您的教诲。"

佛告须菩提："诸菩萨摩诃萨应如是降伏其心[①]：所有一切众生之类，若卵生，若胎生，若湿生，若化生[②]；若有色，若无色；若有想，若无想[③]，若非有想非无想，我皆令入无余涅槃而灭度之[④]。如是灭度无量无数无边众生，实无众生得灭度者。何以故？须菩提，若菩萨有我相、人相、众生相、寿者相[⑤]，即非菩萨。"

【注释】

①摩诃(hē)萨：是菩萨或大士之通称。

②卵生、胎生、湿生、化生：即四生，指产生三界六道有情的四种类别，是佛教认为众生的各种形态。

③有色、无色、有想、无想：是佛教认为众生的境界。

④涅槃(niè pán)：梵语音译，又译作泥日、泥洹、涅槃那等，意译为灭度、寂灭、解脱、圆寂，也就是佛德无烦恼境界。

⑤我相、人相、众生相、寿者相：这在佛教中叫"我人四相"，指还没有悟道成佛的各种执著。

【译文】

佛告诉须菩提说："所有发愿成就无上菩提心的诸位菩萨，应该要这样降伏他们的妄心：所有一切众生，无论是卵生的鸟、虫，还是胎生的人、兽；无论是因潮湿而生出的鱼、虾，还是蜕化而生的蝉、蝶；或者是欲界与色界中有物质形体的众生，和无色界中没有物质形体的众生,还有有心识活动的众生,和没有心识活动的众生,以及说不上有无心识活动的众生,我都要使他们达到脱离生死轮回的涅槃境界,断尽他们的烦恼,永绝诸苦。虽然这样度化了无数众生,然而,在菩萨心中,却没有任何一个众生得到灭度、断除了烦恼。为什么这么说呢? 须菩提,如果菩萨在心中还存有自我的相状、他人的相状、众生的相状、寿命的相状,那他就不是真正的菩萨。"

"复次①,须菩提,菩萨于法②应无所住③,行于布施④。所谓不住色布施,不住声、香、味、触、法布施⑤。须菩提,菩萨应如是布施,不住于相。何以故? 若菩萨不住相布施,其福德不可思量⑥。须菩提,于意云何? 东方虚空可思量不⑦? "

"不也,世尊。"

"须菩提,南、西、北方、四维⑧、上下虚空可思量不? "

"不也,世尊。"

"须菩提,菩萨无住相布施福德,亦复如是不可思量。须菩提,菩萨但应如所教住。"

【注释】

①复次:这是连接前后文的关联词,表示"接着说"。

②法:一切的事物,不论大的小的、有形的或是无形的,都叫做法,不过有形的叫做色法,无形的叫做心法。

③应无所住：不论处于何境，此心皆能无所执着。

④布施：即以慈悲心而施福利予人，使他人离苦得乐。

⑤色、声、香、味、触、法：这是佛教所谓"六尘"，即人的主观认识功能和作用的六个方面，由眼、耳、鼻、舌、身、意等"六根"产生。

⑥福德：指前世及现世所行的一切善行，及由于一切善行所得之福报。

⑦虚空：虚无形质，空无障碍，故名虚空，指一切诸法存在之场所、空间。

⑧四维：即"四隅"，指东南、西南、东北、西北四个方向。一般是以四维加四方，称为八方；若再加上、下二方，就是佛教所谓"十方虚空"，概指全部宇宙。

【译文】

佛继续说道："再者，须菩提，菩萨对于万法，都应该无所执着，以不执着的心态来施行布施。也就是说，不应执着于形色而布施，也不应执着于声音、嗅觉、味道、触觉、法相而行布施。须菩提，菩萨就应该这样去布施，即不执着于诸相而修行布施。为什么呢？如果不执着于诸相而布施，那么因布施而获得的福德，就会广大到不可思量。须菩提，你认为如何？东方的虚空可以想象和度量吗？"

须菩提回答："是不可想象和度量的，世尊。"

佛又问："须菩提，南方、西方、北方、东南、西南、东北、西北以及上方、下方的虚空，可以想象和度量吗？"

须菩提回答："是不可想象和度量的，世尊。"

佛说："须菩提，菩萨不执着于诸相布施的福德，也和十方虚空一样不可想象和度量。须菩提，菩萨就应该如我所教，不执着于诸相布施。"

"须菩提，于意云何？可以身相见如来不^①？"

"不也，世尊。不可以身相得见如来。何以故？如来所说身相即非身相。"

佛告须菩提："凡所有相皆是虚妄。若见诸相非相，即见如来。"

【注释】

①身相：身体的相貌，此处指佛的特殊妙好之相。

【译文】

佛问："须菩提，你意下如何？以为看见我外表的好身相，就是看见了真正的如来吗？"

须菩提回答："不可以，世尊。不可以凭借具足好的身相见到如来。为什么呢？因为如来的具足好身相，并非是真实存在的身相。"

佛告诉须菩提："所有相都是虚妄的。若能悟到诸相皆虚，就能证见如来了。"

　　须菩提白佛言："世尊，颇有众生得闻如是言说章句①，生实信不②？"

　　佛告须菩提："莫作是说。如来灭后，后五百岁③，有持戒修福者④，于此章句能生信心，以此为实。当知是人不于一佛、二佛、三、四、五佛而种善根⑤，已于无量千万佛所种诸善根。闻是章句乃至一念生净信者⑥。须菩提，如来悉知悉见，是诸众生得如是无量福德。何以故？是诸众生无复我相、人相、众生相、寿者相，无法相亦无非法相⑦。何以故？是诸众生，若心取相，则为著我、人、众生、寿者；若取法相，即著我、人、众生、寿者。何以故？若取非法相，即著我、人、众生、寿者，是故不应取法，不应取非法。以是义故，如来常说汝等比丘知我说法如筏喻者⑧。法尚应舍，何况非法。"

【注释】

　　①章句：本指经文上的章节语句，这里是指前一品中，佛所说的"诸相非相"的话语。

　　②实信：信必须具备信实、信德、信能三条件，是与智慧相应的证信，并非泛泛的信仰。

　　③后五百岁：《大集经》中云，有五个五百岁。"后五百岁"，即指第五个"五百岁"。从佛陀涅槃之后算起，第一个五百年，是解脱坚固时期，人人知道修行，皆能得到解脱。第二个五百年，是禅定坚固时期，人人都能修禅习定。第三个五百年，是塔庙坚固时

期，人人造塔修庙作为功德。第四个五百年，是多闻坚固时期，人人研究经义，但不注重修行。第五个五百年，是斗争坚固时期，末法时代的人，只知斗争，不知修行。

④持戒修福：持戒是持守戒律，修福则指布施功德。佛教制定戒律，消极的意义在防非止恶，积极的意义则在自度度人，成就菩提道业。

⑤善根：即善之根本。无贪、无嗔、无痴，乃是善根之本，合称为善根。佛教认为，信徒通过各种修行培养自己的善性，就像种地植下为善的根苗。

⑥净信：清净的信心。

⑦法相、非法相：法相是太执着于佛法的表面道理，非法相是不执着于佛法的道理。

⑧筏喻：筏是用竹子或木头做成的小舟，以比喻佛法能将人从生死的此岸度至涅槃彼岸。将佛法比作过河的竹筏子，意为对佛法也不能执着，要像竹筏子一样，过了河就舍弃掉，这才是真正的万法皆空。

【译文】

须菩提向佛陀问道："世尊，后世的芸芸众生听闻这样精深的微妙章句，能不能生起真实的信心？"

佛陀对须菩提说："你不要说这样疑虑的话。在如来灭度后的第五个五百年，将会有持守戒律、广修福德的人，能从这些般若章句中产生真实信心，确信只有这般若法门方能解脱。应当知道，这些人不只是在一尊佛、二尊佛、三尊佛、四尊佛、五尊佛处种下了善根，而且已经在无量千万佛前种下了深厚的善根。因此，听到了这些微妙章句，便会在一念之间产生清净的信心。须菩提，如来以智慧了解一切，看见一切，这些种下善根的众生，将会得到无可估量的福报。为什么这么说呢？是因为这些种下善根的众生，已经远离执着，不再有自我的相状、他人的相状、众生的相状、寿命的相状，也不再有法相和非法相。这是什么缘故呢？因为众生如果执着于相，也就执着于自我的相状、他人的相状、众生的相状、寿命的相状；若众生执着种种法相，也会有自我的相状、他人的相状、众生的相状、寿命的相状的执着。什么缘故呢？如果众生心念中执着于无法相，那也会执着于自我的相状、他人的相状、众生的相状、寿命的相状，所以既不应执着任何法相，也不应执着于非法相。正因为这个道理，如来才经常说：你们这些比丘，要了解到我所说的法，就像渡河要用的船一样，渡过河就要舍弃船。佛法尚且应该舍去，何况那些与佛法相违背的非法呢？"

"须菩提，于意云何？如来得阿耨多罗三藐三菩提耶？如来有所说法耶？"

须菩提言："如我解佛所说义，无有定法名阿耨多罗三藐三菩提[①]，亦无有定法如来可说。何以故？如来所说法皆不可取[②]，不可说，非法、非非法。所以者何？一切圣贤皆以无为法而有差别[③]。"

【注释】

①阿耨多罗三藐三菩提:即无上的智慧和觉悟。

②取:与"执着"同义,即对所喜欢的境界执取追求。取也是烦恼的异名。

③圣贤:与儒家圣贤不同义。圣,指证见谛理,舍去凡夫之性,属见道的人。贤,指见道以前,调伏自己的心而远离恶的行为的人。

④无为法:与"有为法"相对,指不依因缘和合而成的不生不灭、无来无去、非彼非此的绝对。原本是涅槃的异名。大乘佛教,尤其是中国佛教,以无为法为诸法之本体,与"法性"、"真如"等为同一含义。

【译文】

佛陀又问:"须菩提!你意下如何?如来已证得了无上正等正觉吗?如来说过什么法吗?"

须菩提回答说:"就我了解,佛所说法的义理,没有固定的法可以叫做无上正等正觉,也没有固定的法是如来所宣说的。什么缘故呢?因为如来所说的法义,都不可以执取,不能用语言诠释,它不是佛法,也不是非佛法。为什么呢?一切贤圣在无为法方面,因证悟的深浅不同,而有深浅的差别。"

"须菩提,于意云何?若人满三千大千世界①七宝②,以用布施,是人所得福德宁为多不?"

须菩提言："甚多，世尊。何以故？是福德即非福德性③，是故如来说福德多。"

"若复有人于此经中，受持④乃至四句偈⑤等，为他人说，其福胜彼。何以故？须菩提，一切诸佛及诸佛阿耨多罗三藐三菩提法，皆从此经出。须菩提，所谓佛法者，即非佛法。"

【注释】

①三千大千世界：古代印度人的宇宙观。"世"指时间，"界"指空间。又作一大三千大千世界、一大三千大千世界、三千世界等，指由小、中、大等三种"千世界"所成的世界。古代以须弥山为中心，周围环绕四大洲及九山八海，称为一小世界。合一千个小世界为小千世界，合一千个小千世界为中千世界，合一千个中千世界为大千世界。因为这中间有三个千的倍数，所以大千世界，又名为三千大千世界。然据正确推定，所谓三千世界，实则为十亿个小世界，而三千大千世界，实为千百亿个小世界，与一般泛称无限世界、宇宙全体之模糊概念实有差距。佛典的宇宙观认为，三千世界是一个佛所教化的领域，所以也称为一佛国。

②七宝：指世间七种珍贵之宝玉。诸经说法不一，《般若经》所说的七宝，是金、银、琉璃、珊瑚、琥珀、砗磲、玛瑙。《法华经》所说的七宝，是金、银、琉璃、砗磲、玛瑙、真珠、玫瑰。《阿弥陀经》所说的七宝，是金、银、琉璃、玻璃、砗磲、赤珠、玛瑙。《大智度论》所说的七宝，是金、银、琉璃、颇梨（水晶）、砗

渠、赤珠、玛瑙。

③福德性:即真正、超越、无相的福德,亦即自性中的智慧福德。

④受持:指对于经中的义理,能够了解而谨记于心,叫做"受";了解之后,能念念不忘,并且实践于日常生活中,就叫做"持"。

⑤偈(jì):意译讽诵、偈颂、造颂、孤起颂、不重颂偈、颂、歌谣等。汉译经典中,多处提及偈颂,但各经却没有一致的说法。《百论疏》卷上指出,偈有两种:一种称通偈,即首卢迦,为梵文三十二音节构成;一种称别偈,有四言、五言、六言、七言,皆以四句而成。禅宗里,禅僧开悟时,也常有人将其悟境以偈颂的形式表现出来。

【译文】

佛说:"须菩提,你怎么看?如果有人将充满三千大千世界那么多的七种珍宝,全部拿来进行布施,你认为这人因此而获得的福德果报多不多呢?"

须菩提回答道:"很多,世尊。为什么说福德多呢?因为这样的世间福德本身是空性的,所以如来说,此人所获得的福德果报多。"

佛又说:"如果又有一人,能够虔诚信受此部经,即使只是其中的四句偈等,又能够为他人解说,那么此人所获得的福德果报,更要胜过布施充满三千大千世界七种珍宝的人。什么缘故呢?须菩提,因为一切诸佛及诸佛成就的无上正等正觉的法,都是从这部经里缘生的。须菩提，所谓的佛法，其本性并非实有，故非佛法。"

"须菩提，于意云何？须陀洹能作是念①，我得须陀洹果不？"

须菩提言："不也，世尊。何以故？须陀洹名为入流，而无所入，不入色、声、香、味、触、法②，是名须陀洹。"

"须菩提，于意云何？斯陀含能作是念，我得斯陀含果不？"

须菩提言："不也，世尊。何以故？斯陀含名一往来，而实无往来，是名斯陀含。"

"须菩提，于意云何？阿那含能作是念，我得阿那含果不？"

须菩提言："不也，世尊。何以故？阿那含名为不来，而实无不来，是故名阿那含。"

"须菩提，于意云何？阿罗汉能作是念，我得阿罗汉道不？"

须菩提言："不也，世尊。何以故？实无有法名阿罗汉。世尊，若阿罗汉作是念，我得阿罗汉道，即为著我、人、众生、寿者。世尊，佛说我得无诤三昧③，人中最为第一，是第一离欲阿罗汉④。世尊，我不作是念，我是离欲阿罗汉。世尊，我若作是念，我得阿罗汉道，世尊则不说须菩提是乐阿兰那行者。以须菩提实无所行，而名须菩提，是乐阿兰那行⑤。"

【注释】

①须陀洹（huán）：梵语音译。须陀洹、斯陀含、阿那含和阿

罗汉是小乘初、二、三、四果罗汉位，又叫预流果、一来果、不还果和阿罗汉果，即小乘修行的四个阶段、四种境界。

②色、声、香、味、触、法：佛教所谓六尘，犹如尘土一样污染人的六根，即眼、耳、鼻、舌、身、意。

③无诤三昧：即物我两忘而不争竞不生烦恼。

④阿罗汉：是依照佛的教导修习四圣谛、脱离生死轮回达到涅槃的圣者。自佛陀初转法轮以来，至今已有成千上万的弟子成就阿罗汉果。

⑤阿兰那：原意为"树林"，意译为寂静处、空闲处、无诤处、远离处等，指适合修行与居住的场所。

【译文】

佛又问："须菩提，你有什么看法？你认为证得须陀洹圣果的修行者，会生起'我已证得须陀洹果'这样名相执着的心念吗？"

须菩提回答说："不会的，世尊。为什么他不会执着呢？'须陀洹'之名的含义，就是远离凡夫之境、入圣出世之流，不为色、声、香、味、触、法六尘所染，因此才叫作须陀洹。"

佛接着问："须菩提，你有什么看法？你认为证得斯陀含圣果的修行者，会生起'我已证得斯陀含果'这样的心念吗？"

须菩提回答说："不会的，世尊。为什么呢？'斯陀含'之名的含义是一往来，而实际又是无所往来的，心中已证得无来无去的智慧，因此才叫作斯陀含。"

佛又问："须菩提，你有什么看法？你认为证得阿那含圣果的修行者，会生起'我已证得阿那含果'这样的心念吗？"

须菩提回答说："不会的，世尊。为什么呢？'阿那含'之名的含义是不来，而实际又是无所不来的，心中已没有来、不来的分别，因此才叫作阿那含。"

佛继续问："须菩提，你有什么看法？你认为证得阿罗汉圣果的修行者，会生起'我已证得阿罗汉果'这样的心念吗？"

须菩提回答说："不会的，世尊。为什么呢？因为实际上并没有什么法叫阿罗汉。世尊，如果阿罗汉生起'我已证得阿罗汉果'的心念，实际上就是执着于自我的相状、他人的相状、众生的相状、寿命的相状。世尊，佛说我已证得无诤三昧，是人中第一，也是罗汉中第一远离各种欲望的阿罗汉。我不起这样的念头，说我是一位远离各种欲望的阿罗汉。世尊，如果我生起'我已证得阿罗汉果位'的念头，那么世尊就不会说我是个乐于在山林中寂居静修的阿兰那行者。正因为须菩提不执着无诤三昧修行的心念，只是以须菩提为名，被世尊赞叹为欢喜修阿兰那行的修行者。"

佛告须菩提："于意云何？如来昔在然灯佛所①，于法有所得不？"

"不也，世尊。如来在然灯佛所，于法实无所得。"

"须菩提，于意云何？菩萨庄严佛土不②？"

"不也，世尊。何以故？庄严佛土者则非庄严，是名庄严。"

"是故，须菩提，诸菩萨摩诃萨应如是生清净心③，不应住色生心，不应住声、香、味、触、法生心，应无所住而生其心。须菩提，譬如有人身如须弥山王④，于意云何？是身为大不？"

须菩提言："甚大，世尊。何以故？佛说非身是名大身⑤。"

【注释】

①然灯佛：又作燃灯佛、普光佛。释迦牟尼之前的佛，他印证释迦牟尼将成为佛，是释迦牟尼的老师。佛教中说，燃灯佛是过去佛，释迦牟尼是现在佛，弥勒佛是未来佛。

②庄严佛土：庄严者，庄盛严饰也。菩萨于因地修行六度万行功德，并以之回向，庄严成时之依报国土，谓之庄严佛土。

③清净心：指远离烦恼之无垢心、自性清净之心。

④须弥山王：意译作妙高山、好光山、善高山、善积山、妙光山等。原为印度神话中之山名，佛教之宇宙观沿用之，谓其为耸立于小世界中央之高山。以此山为中心，外围有八大山、八大海顺次环绕，而形成一世界（须弥世界）。佛教认为每一个世界中，都有一座须弥山在当中。

⑤大身：指觉悟了的佛心。

【译文】

佛再问须菩提："你有怎样的看法？如来从前在然灯佛前，有没有得到什么成佛的妙法？"

须菩提回答："没有的，世尊。如来往昔在然灯佛前，实际未得到任何成佛的妙法。"

佛接着问："须菩提，你有怎样的看法？菩萨有没有庄严清净佛土呢？"

须菩提回答："没有的，世尊。为什么呢？因为所谓庄严佛土，非胜义中存在实有的庄严，不过是庄严的外在名相罢了。"

佛说："所以，须菩提，诸位大菩萨，都应当像这样生起清净心，不应该对种种色相生起执着心，也不应于声、香、味、触、法等起执着心，应该不住于一切法，生起远离一切执着的清净心。须菩提，譬如有一个人，身体像须弥山王那样高大，你有什么看法？他的身体是不是很高大？"

须菩提回答："当然很高大，世尊。为什么呢？佛说的并不是实有的身体，只不过假借一个名称，称之为大身而已。"

"须菩提，如恒河中所有沙数①，如是沙等恒河，于意云何？是诸恒河沙宁为多不？"

须菩提言："甚多，世尊。但诸恒河尚多无数，何况其沙！"

"须菩提，我今实言告汝：若有善男子、善女人，以七宝满尔所恒河沙数三千大千世界，以用布施，得福多不？"

须菩提言："甚多，世尊。"

佛告须菩提："若善男子、善女人，于此经中乃至受持四句偈等，为他人说，而此福德②，胜前福德。"

【注释】

①恒河：为印度五大河之一，意为"由天堂而来"，上游在喜马拉雅山南坡，中途汇集百川，经过印度、孟加拉而进入印度洋。其两岸人口稠密，经济繁荣，交通发达，物产丰富，故印度人民对恒河有着深厚的感情，将两岸约一千五百公里之地，视为神圣的朝拜地区，于河岸两旁建筑无数寺庙，各教教徒常至此巡礼。至释迦佛陀应世，恒河两岸更是佛陀及弟子教化活动之重要区域。恒河沙粒至细，其量无法计算，诸经中凡形容无法计算之数，多以"恒河沙"一词为喻。

②"福德"有两种：一是有为的福德，一是无为的福德。有为的福德，是有限量的，多作善事即多增福德，少作善事即少增福德，所谓种如是因，即得如是果。无为福德，并不一定要有何造作，乃是本性自具，不假修证，是称量法界，周遍虚空。用财宝布施，所获得的，就是有为的福德；受持本经，体悟般若无住真理，就是无为的福德。

【译文】

佛说："须菩提，像恒河中所有的沙子那么多、无法计数的数量，假如每一粒沙子又成一条恒河，你有什么看法？所有恒河中的沙子加在一起，你认为那沙子算不算多呢？"

须菩提回答："非常多，世尊。仅仅是恒河之沙，已是无可计数，何况所有河中的沙子的数量呢。"

佛说："须菩提，我今天实实在在地告诉你，如果有善男子、善女人，用人世间最贵重的七宝，充满如恒河沙数那么多的三千大千世界，把这都拿来进行布施，他们所获得的福报多不多？"

须菩提回答："非常多，世尊。"

佛告诉须菩提："如果有善男子、善女人，能对此经信奉受持，甚至只是受持其中的四句偈等，并为他人宣说，其所获得的福德，将会胜过前面所说以充满恒河沙数那么多的三千大千世界的七宝作布施的福德。"

"复次，须菩提，随说是经乃至四句偈等，当知此处一切世间天、人、阿修罗^①，皆应供养^②如佛塔庙^③，何况有人尽能受持、读诵。须菩提，当知是人成就最上第一希有之法。若是经典所在之处，即为有佛，若尊重弟子^④。"

【注释】

①世间："世"是时间，"界"是空间。指被烦恼缠缚的三界及有为、有漏诸法之一切现象。

②供养：佛教称以香花、灯明、饮食等资养三宝为"供养"，分财供养和法供养两种。香花、饮食等叫财供养，修行、利益众生叫法供养。

③塔庙：奉安佛物或经文，又为标帜死者、生存者之德，埋舍利、牙、发等，以金石土木筑造，供人瞻仰之处。

④弟子：即受教者。

【译文】

佛接着又说:"再者,须菩提,能够随缘地向他人宣说此经,甚至只是讲解经中的四句偈而已,那么应当知道此讲经之处,一切世间所有的天、人、阿修罗,都应该恭敬供养,就如同供养佛塔庙宇一样,更何况有人能够完全信受奉行、诵读这部经。须菩提,当知此人已成就最无上第一稀有的无上菩提。这部经典所在之处,就会有佛,也就有尊重佛的弟子在那里。"

尔时,须菩提白佛言:"世尊,当何名此经? 我等云何奉持?"

佛告须菩提:"是经名为《金刚般若波罗密》,以是名字,汝当奉持。所以者何? 须菩提,佛说般若波罗密,即非般若波罗密,是名般若波罗密。须菩提,于意云何? 如来有所说法不?"

须菩提白佛言:"世尊,如来无所说。"

"须菩提,于意云何? 三千大千世界所有微尘^①,是为多不?"

须菩提言:"甚多,世尊。"

"须菩提,诸微尘,如来说非微尘,是名微尘。如来说世界非世界,是名世界。须菩提,于意云何? 可以三十二相见如来不^②?"

"不也,世尊。不可以三十二相得见如来,何以故? 如来说三十二相即是非相,是名三十二相。"

"须菩提,若有善男子、善女人,以恒河沙等身命布施,若复有人,于此经中乃至受持四句偈等,为他人说,其福甚多。"

【注释】

①微尘：即眼识所能看到的最微细者。又，微尘之量虽小，然其数甚多，故经典中经常以"微尘"比喻量极小，以"微尘数"比喻数极多。

②三十二相：即佛陀传法时，当时之印度人所喜爱的人身外貌中三十二个明显的特征。

【译文】

这时，须菩提对佛说："世尊，我们应当怎样称呼这部经？我们又应该怎样受持奉行这部经呢？"

佛告诉须菩提："这部经就取名为《金刚般若波罗密经》，你就用这个名字来奉持。为什么要用这个名字呢？须菩提，因为佛所说的般若波罗密，并不是实有的般若波罗密，只是称之为'般若波罗密'之名。须菩提，你认为如何？如来说过什么法吗？"

须菩提回答道："世尊，如来没有说过什么法。"

佛再问："须菩提，你是怎么想的？你认为三千大千世界里所有的微尘，算起来多不多呢？"

须菩提答："非常多，世尊。"

佛说："须菩提，所有的微尘，如来说它不是微尘，只是名字上叫做微尘。如来说的世界，也不是真实的世界，只是名为世界而已。须菩提，你认为如何？是否可以通过色身的三十二种殊妙相貌，来认识如来？"

须菩提答："不可以，世尊。为什么呢？如来所说的三十二相,并非是三十二种真实形相,只是名为三十二相。"

佛说:"须菩提,如果有善男子、善女人,以恒河沙数那样多的身体和生命来布施,又如果再有人,能信受奉持这部经,甚至只是经中的四句偈,并广为他人宣说,他得到的福报就更多了。"

尔时,须菩提闻说是经,深解义趣①,涕泪悲泣而白佛言:"希有,世尊。佛说如是甚深经典,我从昔来所得慧眼②,未曾得闻如是之经。世尊,若复有人得闻是经,信心清净③,即生实相④,当知是人成就第一希有功德。世尊,是实相者,即是非相,是故如来说名实相。世尊,我今得闻如是经典,信解受持不足为难。若当来世后五百岁,其有众生得闻是经,信解受持⑤,是人即为第一希有。何以故?此人无我相、无人相、无众生相、无寿者相。所以者何?我相即是非相,人相、众生相、寿者相即是非相。何以故?离一切诸相即名诸佛。"

佛告须菩提:"如是,如是。若复有人得闻是经,不惊不怖不畏,当知是人甚为希有。何以故?须菩提,如来说第一波罗密⑥,即非第一波罗密,是名第一波罗密。

"须菩提,忍辱波罗密⑦,如来说非忍辱波罗密,是名忍辱波罗密。何以故?须菩提,如我昔为歌利王割截身体⑧,我于尔时无我相、无人相、无众生相、无寿者相。何以故?我于往昔节节支解时,若有我相、人相、众生相、寿者相,应生嗔恨⑨。

"须菩提,又念过去于五百世作忍辱仙人,于尔所世无我相、无人相、无众生相、无寿者相。是故，须菩提，菩萨应离一切相，发阿耨多罗三藐三菩提心。不应住色生心，不应住声、香、味、触、法生心，应生无所住心。若心有住，即为非住。是故，佛说菩萨心不应住色布施。须菩提，菩萨为利益一切众生故，应如是布施。如来说一切诸相即是非相，又说一切众生即非众生。

"须菩提，如来是真语者、实语者、如语者、不诳语者、不异语者。须菩提，如来所得法，此法无实无虚。须菩提，若菩萨心住于法而行布施，如人入暗即无所见。若菩萨心不住法而行布施，如人有目，日光明照，见种种色。

"须菩提，当来之世，若有善男子、善女人，能于此经受持读诵，即为如来以佛智慧悉知是人，悉见是人，皆得成就无量无边功德。"

【注释】

①义趣：义理之所归趋。义即佛法的道理，趣即修持佛法达到的境界。

②慧眼：佛教中有五眼：肉眼、天眼、慧眼、法眼、佛眼。慧眼，即具有能够认识到万法皆空的眼力和智慧，因慧眼能照见诸法真相，所以能度众生至彼岸。

③信心：信受所闻所解之法而无疑心，亦即远离怀疑之清净心。信心乃为入道之初步，主旨概为信仰佛、法、僧三宝及因果之理。

④实相：实，就是真实不虚；相，谓事物的本性或相状。宇宙间一切事物，都是因缘（条件）组成、变化无常的，都没有永恒、固定不变的自体，以世俗观念认识的一切现象均为假相，这就包含"空"之意义。这种空，就是宇宙万有的"真性"，亦即诸法实相。

⑤信解受持：即信解行证，先信仰佛法，再理解佛法的道理，然后按照佛法的道理修行实践，最后达到觉悟成佛的结果。

⑥第一波罗密：是大智慧成就，大彻大悟，成佛，也就是般若实相。

⑦忍辱波罗密：意译为安忍、忍等。忍，是能忍之心；辱，是所忍的境。忍，不但忍辱，还忍苦耐劳，即认透确定事理。忍是内刚而外柔，能无限的忍耐，而内心能不变初衷，最终达成理想的目标。佛法劝人忍辱，是劝人学菩萨，是无我大悲的实践，非奴隶式的忍辱。

⑧歌利王：又作哥利王、羯利王、迦梨王、迦陵伽王、羯陵伽王、迦蓝浮王等，意译作斗诤王、恶生王、恶世王、恶世无道王等，是古印度乌仗那国王。他的行为非常凶暴恶劣，臣民们都很害怕他，唯恐避之不及。一次，国王带了宫女们入山去打猎，宫女们趁国王休息时，就自由游玩。在深林中，当她们见到一位仙人在坐禅时，对他生起很大信心，仙人也就为她们说法。国王一觉醒来，不见一人，到各处去寻找，见她们围着仙人在谈话，心中生起嗔恨心并责问仙人，且不分青红皂白地用刀砍下仙人的手脚，看他是否能忍。当时，仙人毫无怨恨，神色不变，不但不嗔恨，反而对国

王生起大悲心。这仙人，即释迦牟尼佛的前生。

⑨嗔恨：又作嗔恚、嗔怒、恚、怒，三毒之一，也是六根本烦恼之一。对于苦与产生苦的事物，厌恶憎恚，谓之嗔。嗔恨能使身心热恼，起诸恶业。

【译文】

这时候，须菩提听闻了这部经，深刻领会了其中般若法门的真谛，禁不住涕泪泣零地对佛说："举世罕有啊，世尊。佛宣讲了如此甚深微妙的经典，这是从我见道得慧眼以来，未曾听到过的如此殊胜甚深的经典。世尊，如果有人听闻了这样的经义，而能生起清净的信心，即能证悟万法实相，可以断定，此人已经成就了第一稀有功德。世尊，这个所谓实相，并不是真实的实相，所以如来佛才说它名为实相。世尊，我今日能够听闻佛讲这部经典，理解其义并受持此经，不算难得稀有。如果到了后世的最后一个五百年中，有众生听闻这微妙经义，能信受奉持，此人才是第一稀有难得的。为什么呢？因为此人已没有对自我相状、他人相状、众生相状和寿命相状的执着。为什么是这样呢？因为他已经了悟我相即是非相，人相、众生相、寿者相也一样都是非相。为什么呢？远离对一切虚妄之相的执着，就可以称之为佛了。"

佛告诉须菩提说："是这样的，是这样的。如果有人听闻这部经典，而能够不惊疑、不恐怖、不生畏惧，应当知道这人是非常稀有的。为什么呢？须菩提，如来所说的第一波罗密，并非实有的第一波罗密，只是名为第一波罗密。

　　"须菩提，所谓的忍辱波罗密，如来说并非实有的忍辱波罗密，只是名为忍辱波罗密。为什么呢？须菩提，比如我过去被歌利王用刀支解身体，我在当时就没有心存自我的相状、他人的相状、众生的相状和寿命的相状。为什么这样说呢？如果我当时被节节支解时，在心中执着我的相状、他人的相状、众生的相状和寿命的相状，就必定会生起嗔恨心。

　　"须菩提，我回想起我在过去五百世做忍辱仙人时，那时，我就不执着于自我的相状、他人的相状、众生的相状和寿命的相状。所以，须菩提，菩萨应该离弃所有一切的相状，生发无上正等正觉的菩提心。不应该执着于色相而产生心念，不应该执着于声、香、味、触、法诸尘而产生心念，应当生起无所执着的清净心。如果心中有所执着，就无法安住无上正等正觉菩提心了。所以，佛说菩萨的心念，不应该执着于色相而布施。须菩提，菩萨为了惠及一切众生，应当如此进行布施。如来说一切所有的形相都是非相，又说一切众生也不是真实的众生。

　　"须菩提，如来是讲真话的人，讲实话的人，讲真理的人，而不是说谎话的人，不是讲怪异话的人。须菩提，如来所证得的法，既非实有，又非虚无。须菩提，如果菩萨心里执着于法相而行布施，就会好像人陷入黑暗中一样，什么也看不到了。如果菩萨心里不执着于法相而行布施，就好像人有双眼，在日光的照耀下，能清楚地看见种种形色。

　　"须菩提，如果在未来之世，有善男子、善女人，能对这部经信受奉行和诵念受持,如来凭佛无边的智慧,可以了解、悉知这种人,一定能成就无量无尽的功德。"

"须菩提,若有善男子、善女人,初日分以恒河沙等身布施①,中日分复以恒河沙等身布施,后日分亦以恒河沙等身布施,如是无量百千万亿劫以身布施②。若复有人闻此经典,信心不逆,其福胜彼,何况书写、受持、读诵、为人解说!

"须菩提,以要言之,是经有不可思议、不可称量无边功德③。如来为发大乘者说④,为发最上乘者说。若有人能受持、读诵、广为人说,如来悉知是人,悉见是人,皆得成就不可量、不可称、无有边、不可思议功德。如是人等,即为荷担如来阿耨多罗三藐三菩提。何以故?须菩提,若乐小法者⑤,著我见、人见、众生见、寿者见,则于此经不能听受、读诵、为人解说。

"须菩提,在在处处,若有此经,一切世间天、人、阿修罗所应供养,当知此处即为是塔,皆应恭敬作礼围绕,以诸华香而散其处。"⑥

【注释】

①初日分、中日分、后日分:古印度称早晨为初日分,中午为中日分,下午为后日分。约十点钟以前为初日分,十点到下午两点为中日分,下午两点钟以后是后日分。

②劫:古代印度的时间单位,佛教沿用之,泛指极长的时间。

③功德：功是指福利之功能，德则指善行之德。德者得也，修功有所得，故曰功德。即意指功能福德，亦谓行善所获之果报。又，世人拜佛、诵经、布施、供养等，都叫功德。

④大乘：乘即交通工具之意，指能将众生从烦恼之此岸，度至觉悟之彼岸。不以个人之觉悟为满足，而以救度众生为目的，一如巨大之交通工具可载乘众人，故称为大乘。

⑤小法：即指小乘法。佛之说法，实际并无二致，只因弟子发心不同，致使浅者见浅、深者为深，而有大、小乘之别。

⑥华是花的通假字，华香即花和香。

【译文】

佛说："须菩提，如果有善男子、善女人，上午以恒河沙数那样多的身命来布施，中午也以恒河沙数那样多的身命来布施，下午也同样以恒河沙数那样多的身命来布施，如此经百千万亿劫，都没有间断过以身命来布施。如果又有一个人，听闻了这部经典，生起不退的信心，他所得的福德，胜过前述以身命布施的功德，更何况抄写经文、信受奉行、读诵、为他人解说呢！

"须菩提，简而言之，此经具有不可思议、不可估量、无边无际的功德。如来本为发大乘菩提心的人而说，为发最上乘佛的众生而说。如果有人能信受持行、读诵、广为他人宣说，如来可以悉知这个人，也可以悉见这个人，一定能成就不可衡量、不可称计、无边无际、不可思议的功德。这样的人，就担当得起如来无上正等正觉的事业。为什么呢？须菩提，一般乐于小乘佛法的人，会执着于自我相状、他人相状、众生相状和寿命相状，对于这部经典，他们不会听闻信受、不会诵读、不会广为他人宣说。

"须菩提，无论何时何地，只要有这部经在，一切世间的天神、人类、阿修罗，都应该给予供养。应当知道，此经所在之处，即等于是佛塔的所在地，就应恭恭敬敬围绕躬行，以各种芳香的花朵和细香散于其四周。"

"复次，须菩提。若善男子、善女人受持读诵此经，若为人轻贱，是人先世罪业应堕恶道①，以今世人轻贱故，先世罪业则为消灭，当得阿耨多罗三藐三菩提。

"须菩提，我念过去无量阿僧祇劫②，于然灯佛前，得值八百四千万亿那由他诸佛③，悉皆供养承事无空过者。若复有人于后末世，能受持读诵此经所得功德，于我所供养诸佛功德，百分不及一，千万亿分乃至算数、譬喻所不能及。

"须菩提，若善男子、善女人于后末世，有受持读诵此经，所得功德，我若具说者，或有人闻心则狂乱，狐疑不信。须菩提，当知是经义不可思议，果报亦不可思议④。"

【注释】

①罪业：罪恶的作为。佛教认为此生的罪恶行为，将产生来世的苦果。

②阿僧祇：梵文音译，印度数目名称，是数量无穷多的意思。

③那由他:数目名,指极大之数,有说相等于今天的百亿,也有说是千亿,或更大的数。

④果报:因果报应。此世之果,来源于前世之因;今世之因,又导致来世之果。

【译文】

佛接着又说:"再次,须菩提,如果有善男子、善女人,能信受奉行和诵读这部经,反而受人轻贱,那是这个人前世所造的罪业本应该堕入恶道,所以现世被世人所轻贱,他前世的罪业就会因此而消解,他也可以修得无上正等正觉菩提心。

"须菩提,我想起过去无数劫前,在然灯佛前,曾遇到过八百四千万亿那由他诸佛,我全都一一亲承供养,一个也没有错过。如果有人于未来之世,能够受持读诵此经,他所得到的功德,和我过去供养诸佛的功德相比,我不及他百分之一、千万亿分之一,乃至数字譬喻都无法达到的无数分之一。

"须菩提,如果有善男子、善女人在未来世中,能够受持读诵此经,他所得到的功德,我如果一一具体细说,也许有的人听到后会心慌狂乱、狐疑而不相信。须菩提,应当了解此经的内容意义是不可思议的,所得到的福德果报,也是不可思议的。"

尔时,须菩提白佛言:"世尊,善男子、善女人发阿耨多罗三藐三菩提心,云何应住?云何降伏其心?"

佛告须菩提:"善男子、善女人发阿耨多罗三藐三菩提者，当生如是心。我应灭度一切众生，灭度一切众生已，而无有一众生实灭度者。何以故？须菩提，若菩萨有我相、人相、众生相、寿者相，即非菩萨。所以者何？须菩提，实无有法发阿耨多罗三藐三菩提心者。须菩提，于意云何？如来于然灯佛所，有法得阿耨多罗三藐三菩提不？"

"不也，世尊。如我解佛所说义，佛于然灯佛所，无有法得阿耨多罗三藐三菩提。"

佛言："如是，如是。须菩提，实无有法如来得阿耨多罗三藐三菩提。须菩提，若有法如来得阿耨多罗三藐三菩提者，然灯佛则不与我授记①，汝于来世当得作佛，号释迦牟尼②。以实无有法，得阿耨多罗三藐三菩提，是故然灯佛与我授记，作是言，汝于来世当得作佛，号释迦牟尼。何以故？如来者，即诸法如义。若有人言如来得阿耨多罗三藐三菩提，须菩提，实无有法佛得阿耨多罗三藐三菩提。

"须菩提，如来所得阿耨多罗三藐三菩提，于是中无实无虚。是故，如来说一切法皆是佛法。须菩提，所言一切法者，即非一切法，是故名一切法。须菩提，譬如人身长大。"

须菩提言："世尊，如来说人身长大则为非大身，是名大身。"

"须菩提，菩萨亦如是。若作是言，我当灭度无量众生，即不名菩萨。何以故？须菩提，实无有法名为菩萨。是故，佛说一切法无我、无人、无众生、无寿者。须菩提，若菩萨作是言，我当庄严佛土③，是不名菩萨。何以故？如来说庄严佛土者，即非庄严，是名庄严。须菩提，若菩萨通达无我法者，如来说名真是菩萨。"

【注释】

①授记：本指分析教说，或以问答方式解说教理；后来，又指佛对发心向善的众生授予将来必成佛的标记。

②释迦牟尼：佛教创始人，本名乔达摩·悉达多，诞生于迦毗罗卫国城东。因其为释迦族，成道后，被尊称为释迦牟尼，意为"释迦族出身的圣人"。其他称号有佛陀（觉者）、世尊、释尊等。

③佛土：又作佛国、佛国土、佛界、佛刹。指佛所住之国土，或佛教化之国土。

【译文】

这时，须菩提向佛陀问道："世尊，如果善男子、善女人已经发心求无上正等正觉，他们的心念该如何安住？应如何降伏他们的迷妄心呢？"

佛告诉须菩提说："如果有善男子、善女人发心求无上正等正觉，应当生起这样的菩提心。我应该度化一切众生，如此灭度了一切众生，而实际上没有一个众生被度化。为什么呢？须菩提，如果菩萨执着自我的相状、他人的相状、众生的相状和寿命的相状，就不是真正的菩萨。为什么这样呢？须菩提，实际上并没有一种法名为发心求无上正等正觉者。须菩提！你认为如何？如来在然灯佛那里，有没有得到一种法叫做无上正等正觉菩提心？"

　　须菩提回答道："没有的,世尊。依据我对佛陀所讲的教义的理解,佛陀在然灯佛那里,并没有什么佛法可以成就无上正等正觉菩提心。"

　　佛赞许说："是这样,是这样。须菩提,实际上并没有什么佛法,可以使如来得到无上正等正觉菩提心。须菩提,如果有佛法使如来得到无上正等正觉,然灯佛就不会为我授记:'你在来世必当成佛,名释迦牟尼。'正因为并没有佛法使如来得到无上正等正觉,所以然灯佛才会为我授记,并这样说:'你在来世必当成佛,名号为释迦牟尼。'为什么呢?所谓如来,即是诸法的本义。如果有人说如来证得了无上正等正觉,须菩提,实际上并没有佛法使佛可证得无上正等正觉。

　　"须菩提,如来所证得的无上正等正觉,既不是实有,也不是虚无。所以,如来说一切诸法都是佛法。须菩提,所说的一切法,都不是一切法,只是在名称上叫一切法。须菩提,譬如说人的身形高大。"

　　须菩提回答说:"世尊,如来说人的身形高大,实际上不是真实的身形高大,只是名为身形高大。"

　　佛说:"须菩提,菩萨也是如此。如果菩萨这样说:我应当灭度无量的众生,就不能叫做菩萨。为什么呢?须菩提,不执着任何法,才叫做菩萨。所以,佛说一切诸法,都没有自我的相状、他人的相状、众生的相状、寿命的相状。须菩提,如果菩萨这么说,我应当清净庄严佛土,就是真正的菩萨。为什么呢?如来说清净庄严佛土,并不是清净庄严,只是名为清净庄严。须菩提,如果菩萨能够透彻无我的真理,如来就说他是真正的菩萨。"

"须菩提,于意云何? 如来有肉眼不①? "

"如是,世尊。如来有肉眼。"

"须菩提,于意云何? 如来有天眼不②? "

"如是,世尊。如来有天眼。"

"须菩提,于意云何? 如来有慧眼不③? "

"如是,世尊。如来有慧眼。"

"须菩提,于意云何? 如来有法眼不④? "

"如是,世尊。如来有法眼。"

"须菩提,于意云何? 如来有佛眼不⑤? "

"如是,世尊。如来有佛眼。"

"须菩提,于意云何? 如恒河中所有沙,佛说是沙不? "

"如是,世尊。如来说是沙。"

"须菩提,于意云何? 如一恒河中所有沙,有如是沙等恒河,是诸恒河所有沙数佛世界,如是宁为多不? "

"甚多,世尊。"

佛告须菩提:"尔所国土中所有众生,若干种心如来悉知⑥。何以故? 如来说诸心皆为非心,是名为心。所以者何? 须菩提,过去心不可得,现在心不可得,未来心不可得。"

【注释】

①肉眼：乃五眼之一，指人之肉眼。五眼是肉眼、天眼、慧眼、法眼、佛眼。凡夫以此肉眼可分明照见色境，但肉眼受种种障碍而不通达，据《大智度论》卷三十三载，肉眼能清晰照见近处之景物，至于远处的东西，则无法看见；照见眼前之景物时，但无法同时照见背后的东西，能照见外在者，却无法照见内在的东西；白昼时能照见诸物，黑夜中则没办法看见。

②天眼：五眼之一。

③慧眼：为五眼之一，指智慧之眼，能照见诸法平等、性空之智慧，故称慧眼。因其照见诸法真相，故能度众生至彼岸。

④法眼：为五眼之一。菩萨为适应机缘，度化众生，故以清净法眼遍观诸法，知一切众生之方便门，故能令众生修行证道。

⑤佛眼：为五眼之一。佛名觉者，觉者之眼，称为佛眼，即能照见诸法实相之眼。

⑥若干种心：即指依各种情形对"心"的分类，如真心、妄心、贪心、痴心、嗔心等。心，又作心法、心事。

【译文】

佛问："须菩提，你认为如何？如来是否有肉眼？"

须菩提答："是的，世尊。如来有肉眼。"

"须菩提，你认为如何？如来是否有天眼？"

"是的，世尊。如来有天眼。"

"须菩提，你认为如何？如来是否有慧眼？"

"是的,世尊。如来有慧眼。"

"须菩提,你认为如何? 如来是否有法眼?"

"是的,世尊。如来有法眼。"

"须菩提,你认为如何? 如来是否有佛眼?"

"是的,世尊。如来有佛眼。"

佛又问:"须菩提,你认为如何? 像恒河中所有的沙粒,佛会说这所有的沙是沙吗?"

须菩提回答:"是的,世尊。如来说是沙。"

佛继续问:"须菩提,你认为如何? 譬如一条恒河中所有的沙粒,每一个沙粒又成一条恒河,与这些河中所有沙数一样多的佛国世界,它的数目是不是很多呢?"

须菩提答:"很多,世尊。"

佛告诉须菩提:"这么多国土中的所有众生,所有种种不同的心念,如来都完全知晓。为什么呢? 如来说的种种的心,都并非是真正的心,只是名之为心。为什么这样说呢? 须菩提,过去的心是不可得到的,现在的心是不可得到的,未来的心,也一样是无法可得到。"

"须菩提,于意云何? 若有人满三千大千世界七宝以用布施,是人以是因缘得福多不①?"

"如是,世尊。此人以是因缘得福甚多。"

"须菩提,若福德有实,如来不说得福德多。以福德无故,如来说得福德多。"

【注释】

①因缘："因"是产生结果的直接内在原因，"缘"是相资助的外在间接条件。一切存在的现象和物质都是由因缘和合而成的假有，所以并没有自性，这便是"因缘即空"之理。

【译文】

佛问："须菩提，你意下如何？如果有人用充满三千大千世界的七种珍宝来行布施，这个人因此而得到的福报多不多呢？"

须菩提回答："是的，世尊。这个人因这布施所得的福报非常多。"

佛又说："须菩提，如果福德是真实存在的体性，如来就不会说得到的福德很多。正因为并没有真实存在的福德，所以如来说得到的福德很多。"

"须菩提，于意云何？佛可以具足色身见不①？"

"不也，世尊。如来不应以具足色身见。何以故？如来说具足色身，即非具足色身，是名具足色身。"

"须菩提，于意云何？如来可以具足诸相见不②？"

"不也，世尊。如来不应以具足诸相见。何以故？如来说诸相具足即非具足，是名诸相具足。"

【注释】

①具足色身：即十分完美的身体。

②具足诸相：指圆满报身佛的别相。"诸相"，指如来的各种

相貌特征,即三十二相、八十种细微殊好特征结合起来的殊胜容貌形相。

【译文】

佛又问:"须菩提,你意下如何?可以从圆满庄严的色身形相证见如来吗?"

须菩提回答说:"不可以,世尊。不能依圆满庄严的色身证见如来。为什么呢?如来说圆满完美的色身形相,并不是圆满完美的色身形相,只是名为圆满完美的色身形相而已。"

佛紧接着又问:"须菩提,你意下如何?如来可以依所具备的种种圆满妙相来证见吗?"

须菩提回答说:"不可以,世尊。如来不能依种种的圆满妙相来证见。为什么呢?因为如来所说的圆满诸相,不是真正的圆满诸相,只不过是名为圆满诸相而已。"

"须菩提,汝勿谓如来作是念,我当有所说法,莫作是念。何以故?若人言如来有所说法,即为谤佛,不能解我所说故。须菩提,说法者无法可说,是名说法。"

尔时,慧命须菩提白佛言①:"世尊,颇有众生于未来世闻说是法,生信心不?"

佛言:"须菩提,彼非众生,非不众生。何以故?须菩提,众生众生者,如来说非众生,是名众生。"

【注释】

①慧命：佛法以智慧为寿命，智慧如果损伤，法身也就灭亡。在文化层面上讲，也可以理解为佛教的生命。

【译文】

佛说："须菩提，你不要认为如来有这样的想法：我应当为众生有所说法，你不要生如此心念。为什么呢？如果有人说如来说过法，那就是毁谤佛。那是因为他不能了解我所说的佛法真谛。须菩提，所谓说法，实际并没有什么法可说，只是假名其为说法。"

这时候，智慧机敏的须菩提当机请教佛："世尊，如果有众生在未来之世听闻您说的法，能够生起信心吗？"

佛回答说："须菩提，他们既不是众生，又非不是众生。为什么呢？须菩提，众生之称作众生，如来说他们并非真实的众生，只是名为众生而已。"

须菩提白佛言："世尊，佛得阿耨多罗三藐三菩提，为无所得耶？"

佛言："如是，如是。须菩提，我于阿耨多罗三藐三菩提，乃至无有少法可得，是名阿耨多罗三藐三菩提。"

【译文】

须菩提对佛说："世尊，佛证得无上正等正觉菩提心，也就是无所得吗？"

佛说:"正是,正是。须菩提,我对于无上正等正觉的菩提心,甚至没有一点法可得,只是名之为无上正等正觉而已。"

"复次,须菩提,是法平等,无有高下,是名阿耨多罗三藐三菩提。以无我、无人、无众生、无寿者修一切善法①,即得阿耨多罗三藐三菩提。须菩提,所言善法者,如来说即非善法,是名善法。"

【注释】

①善法:与"恶法"对称。指合乎于"善"的一切道理,即合理益世之法。

【译文】

佛继续说:"再者,须菩提,诸法是绝对平等的,没有上下高低的分别,所以才名为无上正等正觉。只要不执着于自我的相状、他人的相状、众生的相状、寿命的相状去修持一切善法,那么即可证得无上正等正觉。须菩提,所谓的善法,如来说它并不是真实的善法,只是假名为善法而已。"

"须菩提,若三千大千世界中所有诸须弥山王①,如是等七宝聚,有人持用布施。若人以此《般若波罗密经》乃至四句偈等,受持读诵,为他人说,于前福德百分不及一,百千万亿分乃至算数譬喻,所不能及。"

【注释】

①须弥山王："王"是指须弥山乃众山之最的意思。

【译文】

佛进一步说："须菩提，如果有三千大千世界中所有的须弥山王这么多的七种珍宝，有人用这些珍宝来做布施。然而如果有人以这部《金刚般若波罗密经》，乃至只是其中的四句偈，加以信受奉行和诵读，并广为他人宣说，则前者以七宝布施所得的福德，不及后者所得福德的百分之一，百千万亿分之一乃至数字譬喻，都无法说清楚的无数分之一。"

"须菩提，于意云何？汝等勿谓如来作是念，我当度众生。须菩提，莫作是念。何以故？实无有众生如来度者，若有众生如来度者，如来则有我、人、众生、寿者。

"须菩提，如来说有我者①，即非有我，而凡夫之人以为有我②。须菩提，凡夫者，如来说即非凡夫，是名凡夫。"

【注释】

①我：通常佛教中所说的"我"，大抵可分为实我、假我、真我三类。以佛教的立场而言，所谓"我"者，实际上并无"我"之存在。

②凡夫：指未见四圣谛之理而凡庸浅识之人，也就是指迷惑事理和尚流转于生死大海的平常人。

【译文】

佛再问:"须菩提,你认为如何呢?你不要认为如来有这样的想法:我应当度化众生。须菩提,不要这样想。为什么呢?实际上没有众生需要让如来度化,如果真有众生让如来度化,那么如来就会落入自我、他人、众生和寿者相状的执着之中。

"须菩提,如来虽口称有我,实际上并不是真实的我,但是凡夫却以为有一个真实的我。须菩提,所谓的凡夫,如来说他并不是真实的凡夫,只是名为凡夫而已。"

"须菩提,于意云何?可以三十二相观如来不①?"

须菩提言:"如是,如是,以三十二相观如来。"

佛言:"须菩提,若以三十二相观如来者,转轮圣王,即是如来②。"

须菩提白佛言:"世尊,如我解佛所说义,不应以三十二相观如来。"

尔时,世尊而说偈言③:"若以色见我,以音声求我,是人行邪道,不能见如来。"

【注释】

①观:佛教术语,通过观察虚妄的表相世界,而达到佛教空谛的智慧。

②转轮圣王:又作转轮王、飞行转轮帝、转轮圣帝、轮王或飞

行皇帝等,是佛教政治理想中的统治者。

③偈:梵语意译,又译颂,四句整齐韵语,用以表达一种对佛法的理解、赞颂。

【译文】

佛又问:"须菩提,你认为如何?可以依三十二种殊妙好身相来证见如来吗?"

须菩提答:"是的,是的,可以依三十二种殊妙身相来证见如来。"

佛说:"须菩提,如果能依三十二种殊妙好身相来证见如来,那么转轮圣王,就是如来。"

须菩提对佛说:"世尊,依据我对佛陀所说之佛法的理解,是不能依三十二种殊妙好身相证见如来的。"

这时候,佛以偈说道:"若想凭色相见我,以声音寻求我,那此人已进入了邪魔道中,必不能证见如来。"

"须菩提,汝若作是念,如来不以具足相故①,得阿耨多罗三藐三菩提。须菩提,莫作是念,如来不以具足相故,得阿耨多罗三藐三菩提。须菩提,汝若作是念,发阿耨多罗三藐三菩提心者,说诸法断灭②,莫作是念。何以故?发阿耨多罗三藐三菩提心者,于法不说断灭相。"

【注释】

①具足:具备,满足。

②断灭:相信一死永灭,认为身体死亡,精神也就散尽。又作断见。

【译文】

佛又说:"须菩提,你如果有这样的想法,如来不以具足三十二种殊妙相的缘故,才能证得无上正等正觉。须菩提,你不应当有这样的念头,认为如来不以具足三十二种殊妙相的缘故,才能证得无上正等正觉。须菩提,你如果有这样的想法,发无上正等正觉菩提心者,就会说一切诸法都是断灭空性,你不应当有这样的念头。为什么呢?发无上正等正觉菩提心者,对一切法不说断灭相,不著法相,也不著断灭相。"

"须菩提,若菩萨以满恒河沙等世界七宝持用布施,若复有人知一切法无我,得成于忍①,此菩萨胜前菩萨所得功德。何以故?须菩提,以诸菩萨不受福德故。"

须菩提白佛言:"世尊,云何菩萨不受福德?"

"须菩提,菩萨所作福德,不应贪著②,是故说不受福德。"

【注释】

①忍:忍耐违逆之境而不起嗔心,安住于道理而不动心。即忍受不顺利境遇,而以佛法超脱。

②贪著:执着于表面现象,从而引生种种的苦恼。

【译文】

佛又说:"须菩提,如果菩萨用恒河沙数那么多的七种珍宝来布施，倘若又有人透彻一切法都是无我的，便能证得无生法忍，那么这位菩萨所获得的福报功德将胜过前者。为什么呢？须菩提，这是因为所有的菩萨，都不领受有为福德。"

须菩提向佛提问："世尊，为什么说菩萨不领受有为福德？"

佛回答说："须菩提，菩萨对他所做的福报功德，不应贪求执取，所以才说菩萨不受有为福德。"

"须菩提，若有人言，如来若来，若去，若坐，若卧①，是人不解我所说义。何以故？如来者，无所从来，亦无所去，故名如来。"

【注释】

①来、去、坐、卧：是佛教所谓的四威仪。

【译文】

佛说："须菩提，如果有人说，如来也是有来、有去、有坐、有卧等相，这个人就是没有透彻我所说的佛法义旨。为什么呢？所谓如来，实在是无所来处，也无所去处，所以才称之为如来。"

"须菩提，若善男子、善女人，以三千大千世界碎为微尘，于意云何？是微尘众宁为多不？"

须菩提言："甚多，世尊。何以故？若是微尘众实有者，佛即不说是微尘众。所以者何？佛说微尘众，即非微尘众，是名微尘众。世尊，如来所说三千大千世界，即非世界，是名世界。何以故？若世界实有者，即是一合相①。如来说一合相，即非一合相，是名一合相。"

"须菩提，一合相者，即是不可说。但凡夫之人贪著其事。"

【注释】

①一合相：佛教认为世界是微尘的集合体，所以称世界为一合相。

【译文】

佛问："须菩提，如果有善男子、善女人，把三千大千世界都捣碎成微尘，你以为如何？这些微尘是不是很多呢？"

须菩提回答说："非常多，世尊。为什么呢？如果这些微尘都是真实存在的，佛就不会说这些微尘很多了。为什么呢？佛所说的很多微尘，根本不是很多微尘，只是在名称上叫做微尘而已。世尊，如来所说的三千大千世界，并不是真实的世界，只是名称叫做世界而已。为什么呢？如果世界是真实存在的，那只是一种聚合的形相。如来说一个聚合的形相，并不是真实的聚合形相，只是名称叫做聚合的形相。"

佛说："须菩提，所谓一个聚合的形相，不可言传。可是一些凡夫俗子，却偏偏要贪恋执着表象的聚合形相。"

"须菩提，若人言佛说我见、人见、众生见、寿者见，须菩提,于意云何? 是人解我所说义不?"

"不也,世尊。是人不解如来所说义。何以故? 世尊说我见、人见、众生见、寿者见,即非我见、人见、众生见、寿者见,是名我见、人见、众生见、寿者见。"

"须菩提,发阿耨多罗三藐三菩提心者,于一切法①,应如是知,如是见,如是信解,不生法相。须菩提,所言法相者,如来说即非法相,是名法相②。"

【注释】

①法:是梵语"达磨"的意译,其精确的定义为轨持,明白点说,就是"轨生物解,执持自性"的意思。宇宙间的一切现象,所以能有条不紊、列列分明而不相混杂,根本的原因,就在它们能保持自己的本体而不失掉,并且能引发我们对它明确了解。

②法相:即万法各自表现的特殊现象。

【译文】

佛问:"须菩提,如果有人说佛宣讲了自我相状、他人相状、众生相状和寿命相状。须菩提,你以为如何? 你认为这个人通达了如来的本义吗?"

须菩提回答:"没有,世尊。这个人没有通达如来的本义。为什么呢? 佛所说的自我相状、他人相状、众生相状和寿命相状,都不是真实存在的自我相状、他人相状、众生相状和寿命相状,只是名称叫做自我相状、他人相状、众生相状和寿命相状而已。"

佛说："须菩提，发无上圆满正等正觉菩提心的人，对于万法，应当这样去认知，应当这样去见解，应当这样去信仰理解，心中不生起任何的法相。须菩提，所谓的法相，如来说它并非是真实存在的法相，只是名为法相而已。"

"须菩提，若有人以满无量阿僧祇世界七宝持用布施，若有善男子、善女人发菩提心者，持于此经乃至四句偈等，受持读诵，为人演说，其福胜彼。云何为人演说？不取于相，如如不动①。何以故？一切有为法②，如梦幻泡影，如露亦如电，应作如是观。"

佛说是经已，长老须菩提及诸比丘、比丘尼、优婆塞、优婆夷③，一切世间天、人、阿修罗，闻佛所说，皆大欢喜，信受奉行④。

【注释】

①如如不动：佛教术语，指达到了觉悟的境界。

②有为法：有所作为就有因缘结果。佛教认为这样就永远牵连不绝，无法觉悟，所以有为法，就是指红尘世界的一切思想感情、言语行为。

③优婆塞、优婆夷：梵语，指在家修行的居士，男的叫优婆塞，女的叫优婆夷。

④皆大欢喜，信受奉行：为佛经结束语中的习惯用语。表示

大家听了本经,感到佛法的希有,都能法喜充满,信受如来所说的法,并切实奉行如来所说的法。

【译文】

佛说:"须菩提,如果有人以遍满无数世界的七种珍宝进行布施,又如果有善男子、善女人发了无上殊胜菩提心,念诵受持此经,甚至只是其中的四句偈语,奉行、读诵,并广为他人宣说,他所获得的福报功德,要远远超过以遍满无数世界的七种珍宝进行布施的前者。应当如何为他人宣说此经呢?这就要不执着于一切相,安住于一切法性空,而不为法相分别所倾动。为什么呢?世间的一切有为法,都如梦如幻、如泡如影、如露也如电,应作如是的观照。"

佛已经圆满宣说了《金刚般若波罗蜜经》,须菩提长老及在场的众多比丘、比丘尼、优婆塞、优婆夷,还有来自一切世间的天、人、阿修罗等,听闻了佛所说法之后,无不满心欢喜,信受和奉行如来所说的法。